Fünf Säulen der Erziehung

Sigrid Tschöpe-Scheffler

Fünf Säulen der Erziehung

Wege zu einem entwicklungsfördernden Miteinander von Erwachsenen und Kindern

Patmos Verlag

Meinen Enkelkindern gewidmet:
Ronja, Joana, Johannes, Aljoscha, Philipp, Samuel

FSC
www.fsc.org
MIX
Papier | Fördert gute Waldnutzung
FSC® C083411

Klimaneutral
Druckprodukt
ClimatePartner.com/14549-2003-1001

Die Verlagsgruppe Patmos ist sich ihrer Verantwortung gegenüber unserer Umwelt bewusst. Wir folgen dem Prinzip der Nachhaltigkeit und streben den Einklang von wirtschaftlicher Entwicklung, sozialer Sicherheit und Erhaltung unserer natürlichen Lebensgrundlagen an. Näheres zur Nachhaltigkeitsstrategie der Verlagsgruppe Patmos auf unserer Website www.verlagsgruppe-patmos.de/nachhaltig-gut-leben

10. Auflage 2023

Verlagsgruppe Patmos in der Schwabenverlag AG, Ostfildern
www.verlagsgruppe-patmos.de

Umschlaggestaltung: Finken & Bumiller, Stuttgart
Umschlagabbildung: PhotoCase.com
Druck: CPI books GmbH, Leck
Hergestellt in Deutschland
ISBN 978-3-8436-0117-7

Inhalt

Vorwort zur 6. überarbeiteten Auflage

Als 2003 die erste Auflage meiner Publikation „Fünf Säulen der Erziehung“ erschien, konnte ich nicht ahnen, welches Echo dieses Buch auslösen würde. Damals war es meine Absicht, die elementaren Grundlagen der Erziehung, wie ich sie sowohl bei einigen Klassiker/innen der Pädagogik als auch in der neuen Bindungs- und Erziehungsstilforschung zusammen mit meinen Studierenden in Forschungsseminaren herausgearbeitet hatte, aufzugreifen, neu zusammenzustellen und in Form einer Säulengrafik für Eltern und Erziehende zu veranschaulichen.

Inzwischen sind die „Fünf Säulen der Erziehung“ in diversen Schulbüchern[1] ebenso zu finden wie in Konzepten von Elternkursen[2] oder in Schul- und Internatsverträgen[3] zwischen Lehrer/innen, Schüler/innen und Eltern. Einige Diplom-, Bachelor- und Masterarbeiten sind rund um das Thema entstanden, wobei auch neue Dimensionen hinzugekommen sind[4] oder die Fünf-Säulen-Grafik „verschönert“ oder ganz neu gestaltet wurde.

Es freut mich, dass mein Konzept dazu anregt, über sich und die eigene Erziehungshaltung zu reflektieren oder sich wissenschaftlich mit Erziehungsfragen auseinanderzusetzen.

In der Auseinandersetzung mit aktuellen Trends in der Erziehung, von der Supernanny über das „Lob der Disziplin“, und dem Leistungs- und Perfektionismusdruck vieler Eltern können die fünf Säulen der Erziehung ein Analyseinstrumentarium dafür sein, welche Kategorien zum Beispiel bei einer einseitigen Förderung des Kindes zu kurz kommen.

In den letzten Jahren habe ich nicht nur mit Studierenden an der Fachhochschule Köln akademische Debatten über die Frage nach „der richtigen Erziehung“ geführt, sondern auch etliche Seminare mit Eltern sowie Fortbildungen und Lehrgänge mit pädagogischen Mitarbeiter/innen geleitet. Oft erhielt ich die Rückmeldung, dass die Auseinandersetzung mit den „Fünf Säulen“ in Zusammenhang mit dem Eltern-Stärken-Test[5], der sich daraus entwickelt hat, eine vertiefte Wahrnehmung der eigenen Erziehungshaltung initiiert und eine Orientierung gibt. Wenn Erwachsene in eher spielerischer Weise und doch ernsthafter Haltung mit den Alltagsgeschichten des Erziehungs-Tests auf der Basis der fünf Säulen arbeiten, resultieren daraus, wie die Erfahrung gezeigt hat, wertvolle Impulse für die Reflektion und den individuellen Erziehungsprozess. Meist ahnen die Mütter und Väter schon, welche Fähigkeiten und Stärken sie aktuell im Umgang mit ihren Kindern haben und wo noch Verbesserungsbedarf bestehen könnte. So sagen sie oft schon vorher, dass sie zum Beispiel glauben, problemlos mit ihren Kindern kooperieren zu können, schlechter sei es aber um die Struktur im Erziehungsprozess bestellt. Häufig stimmt die eigene Einschätzung.

Die Auseinandersetzung mit den „Fünf Säulen" kann dann der Impuls dafür sein, sich mit der *noch* nicht so gut ausgebildeten Dimension der Erziehung etwas intensiver zu befassen, zum Beispiel durch genauere Selbstwahrnehmung, in Gesprächen mit dem Partner, durch Rollenspiele und den Austausch in Seminaren mit anderen Eltern.

Es scheint, dass die Zusammenstellung der „Fünf Säulen" das aktiviert, was in Süddeutschland und Österreich „Hausverstand" genannt und im Fachjargon als „intuitive Elternkraft" (Mechthild Papousek) bezeichnet wird. Die vielen Beobachtungen und aufgezeigten Beispiele bestätigen noch einmal meine Hypothese, dass es sich hier um altes Menschheitswissen handelt, das alle in sich tragen. Wie dieses Wissen aktiviert und reflektiert werden und in erfolgreiches Erziehungshandeln übergehen kann, ist neben der genuinen Aufgabe der Eltern auch eine Frage, die sich die Professionellen in der Zusammenarbeit mit Eltern und Familien stellen müssen.[6]

In den letzten Jahren habe ich zwei weitere Säulen konzipiert. Die Anregungen dazu haben sich in Seminaren und in Gesprächen mit Müttern, Vätern und pädagogischen Fachkräften ergeben.

So lautet die sechste Säule „Gemeinschaft versus Isolation".

Die siebte Säule hat sich mir förmlich „aufgedrängt" durch die Beschäftigung mit spirituellen Fragen[7] und der Beobachtung, dass Eltern, die ein Grundvertrauen in das Leben haben, gelassener sind, weniger Kontrolle ausüben, insgesamt mehr Zutrauen zu ihren Kindern haben, besser loslas-

sen und mit ihrer Angst um ihre Kinder angemessener umgehen können. „Spiritualität versus Allmachtsvorstellung“ heißt somit die siebte Säule. Die beiden neuen Säulen stelle ich in Kapitel 3.6. vor.
Von kreativen Studierenden, die meine Säulengrafik zu altmodisch finden, habe ich häufig interessante Zeichnungen erhalten. Erst war ich versucht, die klassische Säulengrafik gegen moderne und funktionalere Konstruktionen einzutauschen, habe mich aber nun doch entschieden, bei meiner alten Grafik zu bleiben: zum einen, weil sie etwas zeitlich Überdauerndes symbolisiert und damit auch eine Metapher für Kontinuität und Beständigkeit ist, und zum anderen, weil inzwischen an vielen Orten in dieser Form mit diesem Modell gearbeitet wird und es so auch in anderen Publikationen übernommen wurde – damit bleibt der Wiedererkennungswert erhalten. In Zeiten der sprunghaften Veränderungen und des schnellen Wandels will das Modell darüber hinaus unterstreichen, dass in allen Kulturen und zu allen Zeiten die fünf existentiellen Grundlagen des Aufwachsens ihre Bedeutung behalten.
Für die beiden neuen Säulen habe ich keine Erweiterung der Grafik vorgenommen, das Modell wird sonst zu unübersichtlich. Mit Gruppen arbeite ich so, dass ich als Grundkonzept die fünf entwicklungsfördernden Dimensionen vorstelle und die beiden anderen als „plus zwei“ präsentiere. Weitere Anregungen, wie Humor oder Gelassenheit, als eigene Säulen zu definieren, werden diskutiert und aufgegriffen. Ich glaube allerdings, dass sich auf der Grundlage einer liebevollen, achtungsvollen Beziehung in Kooperation mit dem Kind und mit der jeweiligen Situation der Humor von selbst einstellt. Die Gelassenheit ist zwar eine wichtige Komponente im Erziehungsgeschehen, kann sich aber vorwiegend dann entwickeln, wenn Eltern der Selbstentfaltungskraft des Kindes, dem Leben selbst, Mitwirkung an Erziehungsprozessen zutrauen, loslassen können und die Hoffnung haben, dass „es gut wird“. Das ist eine Grundhaltung, ein Urvertrauen ins Leben, die Erziehende entweder mitbringen, erfahren oder lernen und die in der siebten Säule der Spiritualität berücksichtigt wird. Möglicherweise ist die Spiritualität auch keine Säule, eher das Dach oder Fundament? Eventuell schließt die Gemeinschaft alle weiteren Säulen ein?

Wichtig ist, dass die jeweiligen Wirkkräfte durch die Gemeinschaft und die Spiritualität als wesentliche Dimensionen von Beziehung und Erziehung reflektiert werden und ihren Stellenwert erhalten.
Vielleicht haben Sie Lust, mit meinen Gedanken weiter zu experimentieren und gemeinsam mit anderen oder alleine auf der Basis der *„Fünf plus“* kreativ weiterzudenken und entdecken noch zusätzliche existentielle Dimensionen einer entwicklungsfördernden Erziehung, die hier zu kurz gekommen sind? Ich verstehe mein Modell als ein Arbeitskonzept, an dem weitergearbeitet und -gedacht werden soll.
Vielleicht so:
Welche Eckpfeiler der Erziehung werden im jeweiligen Erziehungsalltag aktuell gut präsentiert und welche vernachlässigt? Welche Gründe könnte es dafür geben? Welche Säulen sind gesellschaftlich oder dem Zeitgeist entsprechend besonders ausgeprägt und welche spielen eine untergeordnete Rolle? Wie können die vernachlässigten Erziehungskategorien wieder mehr Raum bekommen? Wer oder was könnte dabei helfen, unterstützen und entlasten? Welchen Zusammenhang könnte es für die Beobachtung geben, dass z. B. Förderung und Struktur (Disziplin und Leistung) in der aktuellen Erziehungs- und Bildungsdebatte eine so hohe Bedeutung erfahren? Welche Rolle spielen dabei ökonomische und gesellschaftspolitische Zusammenhänge? Welche Folgen hat es, wenn Menschen Anerkennung und Achtung in Bezug auf ihre Person entzogen und nur auf ihre Leistung fokussiert wird? Könnte der sprunghafte Anstieg psychosomatischer Erkrankungen im Kindesalter (aber auch bei Erwachsenen) mit mangelnder Bindungs- und Achtungserfahrung zusammenhängen? Welche Konsequenzen wären daraus für die Unterstützung der Familienerziehung zu ziehen? Was gelingt dieser Mutter, diesem Vater, dieser Erzieherin und diesem Lehrer gut? Wie könnten sie sich gegenseitig in Erziehungs- und Bildungspartnerschaften ermutigen und in ihren Fähigkeiten ergänzen? Welche Voraussetzungen müssten vorhanden sein, damit solch ein Austausch nicht nur möglich, sondern verbindlich und eine Bereicherung für alle Beteiligten wird?
Viele Fragen, die hoffentlich dazu anregen, Antworten zu finden und neue Fragen zu stellen!

Insgesamt wünsche ich mir für diese Neuauflage, dass Eltern und Erziehende auch weiterhin angeregt und ermutigt werden, mit Hilfe der Eckpfeiler der Erziehung – nun mit den „Fünf Säulen plus" – miteinander ins Gespräch zu kommen und eigene Wege in der Erziehung zu finden und zu gehen.

Köln und Sundern im Sauerland im Mai 2011

Sigrid Tschöpe-Scheffler

Einleitung

Erziehung stellt eine zentrale, alltägliche Aufgabe der Familie dar. Sie ist meist konkret und im Alltäglichen, Kleinen, Unspektakulären angesiedelt. Erziehung findet dort statt, wo zusammen gelebt wird, wo Erwachsene und Kinder gemeinsam essen, spielen, malen und basteln, wo Erwachsene Hausaufgaben und Vokabeln abhören, Tränen abwischen und trösten, wo sie Kinder anhalten, rechtzeitig ins Bett zu gehen, wo Kinder schreiben, lesen, rechnen üben, wo diskutiert wird, wo der Fernsehkonsum, die Höhe des Taschengeldes oder die Ausgehzeiten miteinander ausgehandelt werden ... Dieses und vieles mehr ist Erziehungsalltag.

Im Zusammenhang mit der fast sprichwörtlich gewordenen Erziehungs- und Bildungskrise hört man jedoch, dass genau dies leider immer seltener, immer weniger selbstverständlich ist:

- Erwachsene, die sich zuständig fühlen und erreichbar sind.
- Eine Alltagsstruktur mit regelmäßigen, warmen Mahlzeiten,
- Zeit für gemeinsame, bereichernde Lebenserfahrungen.

Stattdessen herrschen Sprachlosigkeit, Gleichgültigkeit und Beliebigkeit; Streit, Zwang und Gewalt treten zunehmend an die Stelle von konstruktiver und sachlicher Auseinandersetzung.

Dennoch: Schauen wir auf das Elternverhalten, dann zeigen unsere Beobachtungen sowohl im Familienalltag als auch im Rahmen von Elternkursen und Beratungen, dass die meisten Eltern ihre Kinder lieben und bereit sind, das Beste für deren Wohlergehen, welches ihnen sehr am Herzen liegt, zu leisten. Oft allerdings müssen sie dabei erleben, dass sie mit ihrem tradierten, eingeschränkten Handlungsrepertoire nur wenig Einfluss auf ihre Kinder ausüben können. Viele Eltern erkennen durchaus auch eigene Erziehungsschwächen und sind daher auf der Suche nach Hilfe und Unterstützung, die sie nicht zuletzt aus Erziehungsratgebern erwarten und die sie sich durch Beratung oder den Besuch eines Elternkurses erhoffen.

Es gibt Hoffnung und es macht Mut zu wissen, dass es auch in Zeiten von „Erziehungsnotstand" ebenso guten Unterricht und engagierte Lehrer gibt wie Eltern, die gerne erziehen, die ihren Kindern Liebe und Zuwendung entgegenbringen und sich für sie zuständig fühlen.
Wodurch aber zeichnet sich „gute Erziehung" aus? Was ist „das Beste" für ein Kind?
In Zusammenhang mit einem Forschungsprojekt an der Fachhochschule Köln zur Evaluation von Elternkursen haben wir Kriterien zusammengestellt, die entwicklungsförderndes und entwicklungshemmendes Erziehungsverhalten beschreiben.[8] Herausgekommen sind dabei keine goldenen Erziehungsregeln, keine Rezepte oder Gebrauchsanleitungen, etwa für den Umgang mit schwierigen Kindern. Stattdessen wurden Strukturmomente erarbeitet, mit deren Hilfe Eltern, Erzieherinnen und Erzieher in die Lage versetzt werden können, ihr Verhalten und ihre Einstellung zu reflektieren. Diese Orientierungen sind durchaus kein Novum, im Gegenteil. Sie entstanden als Ergebnis einer Sichtung und Zusammenfassung eines *alten Wissens über Erziehung,* eines Wissens, das sich an den ursprünglichen Entwicklungsbedürfnissen von Kindern und Jugendlichen orientiert und dessen Gültigkeit in vielen empirischen Untersuchungen, wie den Erziehungsstil- oder Bindungsforschungen, bestätigt wurde. Es ist an der Zeit, sich dieser *Eckpfeiler der Erziehung* wieder zu erinnern.
In diesem Buch sollen *fünf entwicklungsfördernde Faktoren der Erziehung,* die Eltern und Kindern den Umgang miteinander erleichtern, fünf entwicklungshemmenden Faktoren gegenübergestellt werden. Dabei geht es nicht um eine „perfekte Erziehung", im Gegenteil: Eltern sollen mit Hilfe dieser Darstellung erfahren, worauf es in der Erziehung ankommt, und wieder „Mut zur Erziehung" bekommen; das schließt den Mut zu eigenen Fehlern ein.

1 Zur aktuellen Erziehungsdebatte

Der Direktor des Staatsinstituts für Frühpädagogik in München, Wassilios E. Fthenakis, fasst die aktuelle Lebenssituation von Familien so zusammen: „Familien sehen sich mit Herausforderungen konfrontiert, die mit der zunehmenden Diversität und Komplexität gesamtgesellschaftlicher Rahmenbedingungen zusammenhängen, unter denen heute Familienleben organisiert und gelebt wird. Solche Herausforderungen resultieren gegenwärtig insbesondere aus dem Übergang zu einer Wissensgesellschaft, aus der (globalisierten) Ökonomie und der modernen Wirtschaft, aus der Arbeitswelt, aus einer zunehmend stärker werdenden Mobilität, aber auch aus Phänomenen wie sozialer Ausgrenzung und Armut. Die sozialwissenschaftliche Forschung hat darüber hinaus seit geraumer Zeit einen Wandel familialer Strukturen und Beziehungen dokumentiert, der zusätzliche Anforderungen an die einzelnen Familienmitglieder und an das System Familie richtet, zu deren Bewältigung besondere Kompetenzen erforderlich sind. Mehr denn je müssen heute Familien ihre Biografie diskontinuierlich gestalten. Brüche und Übergänge stehen zur Bewältigung an.“[9]

Im Folgenden sollen diese komplexen Herausforderungen, denen Familien sich zu stellen haben, im Zusammenhang mit den inzwischen medienwirksam gewordenen Begriffen „Erziehungskatastrophe, Erziehungsnotstand, Individualisierung“ diskutiert werden, um daran anschließend die entwicklungsfördernden Möglichkeiten des Miteinander-Umgehens vorzustellen.

1.1 Erziehungskatastrophe? Erziehungsnotstand?

Seit mehreren Jahren hält sich in der Öffentlichkeit nun schon eine angeregte Debatte über Erziehungsfragen, die wie kaum eine andere Aufsehen erregt und eine breite Beteiligung in Fachkreisen, unter Politikern und bei

Eltern erlangt hat. Seit dem Streit um die ersten Kinderläden und deren „Erziehung zum Ungehorsam“, um das Schulmodell Summerhill und den antiautoritären Erziehungsstil, seit den Diskussionen um die vorschulische Erziehung und die Elementarbildung in den 60er Jahren des vorigen Jahrhunderts wurden Erziehungsthemen öffentlich kaum so vehement diskutiert. Analysen, Problemdefinitionen, die Suche nach einem Sündenbock oder „richtige Erziehungsratschläge“ schwappen in mehreren Wellen über und führen je nach Ausgangslage zu neuen, aufgeregten Stimmungsbildern. Das, was Susanne Gaschke als „Erziehungskatastrophe“[10] oder das Journalistenpaar Gerster/Nürnberger als „Erziehungsnotstand“[11] bezeichnen, traf den allgemeinen Unmut über aktuelle Zustände in Familie, Schule und Gesellschaft und regte vielerorts zu öffentlicher wie privater Meinungsbildung über Erziehung an:

Medienkonsum, berufstätige Mütter, Vaterlosigkeit, unmotivierte Lehrer, Grenzenlosigkeit, Verwöhnung, Nicht-Erziehung, fehlende normative Maßstäbe, mangelnde Zeit der Eltern für ihre Kinder – diese und weitere Faktoren wurden und werden dafür verantwortlich gemacht, dass immer mehr Kinder in Deutschland Verhaltensauffälligkeiten zeigen und psychische Erkrankungen erleiden. Auch Gewalt gehört zunehmend zum Lebensalltag der Kinder.

Susanne Gaschke bezeichnet die Erziehungskrise als Wohlstandsphänomen. Beobachtungen von Pädagoginnen und Pädagogen verweisen auf seelische Verwahrlosung, Abstumpfung, Grobheit und Unempfindlichkeit bei Kindern und Jugendlichen. Das Erscheinungsbild von überforderten Schülerinnen und Schülern, u. a. mit Konzentrationsschwierigkeiten, Hyperaktivität, Übergewicht oder kriminellen Neigungen, hält Gaschke vorrangig für eine Folge mangelnder Erziehung. Auch Gerster/Nürnberger kritisieren, dass Kinder aufgrund ungenügender Erziehung sowie fehlender Manieren und Umgangsformen nur noch eingeschränkt gesellschaftsfähig seien.

In einem SPIEGEL-Artikel von 2001, den ich in der ersten Ausgabe der „Fünf Säulen“ zitiert habe, werden die Rezepte und die „angestaubten Schlagworte“ im Kontext von Erziehung als Beweise für eine „tiefe Verun sicherung und Hilflosigkeit“[12] der Eltern im Blick auf die Kindererziehung bewertet. Einig sind sich Autoren, Pädagogen, Bildungspolitiker und Eltern darin, dass bei vielen Eltern Unsicherheit, Hilflosigkeit und Überforderung wesentliche Faktoren von Erziehungsmüdigkeit, Erziehungsverweigerung und Erziehungsgewalt darstellen.

Auf die folgende Frage des Sozialforschungsinstituts TNS Infratest im Jahr 2005: „Erziehen Eltern ihre Kinder im Großen und Ganzen zu autoritär, oder lassen sie ihren Kindern zu viel Freiraum?“ sehen die Antworten von 1000 Befragten wie folgt aus[13]:

Lediglich 5 % der Befragten waren der Meinung, dass Eltern heute eher zu autoritär erzögen, 13 % hielten das Verhältnis für genau richtig. Immerhin waren 82 % der Meinung, dass heutige Eltern ihren Kindern zu viel Freiraum lassen und dass sich etwas ändern muss.

Die populären Talkshows greifen heute ebenso wie 2001, als die erste Auflage meines Buches erschien, die immer noch aktuellen Erziehungsthemen auf, etwa unter Titeln wie: Kinder Tyrannen, Eltern Weicheier – Fehlt die harte Hand?“[14] oder „Jugend außer Rand und Band“[15] oder „Halt’s Maul, Alter! Eltern am Rande des Nervenzusammenbruchs?“[16].

Auffällig ist, dass in vielen Publikationen über Erziehung der letzten Jahre eher das „Lob der Disziplin“[17] angestimmt und mehr Autorität eingefordert und beklagt wird, dass Kinder zu Tyrannen werden[18] oder man erfährt von der chinesisch-amerikanischen „Mutter des Erfolgs“, wie „Kindern das Siegen“ beigebracht wird.[19]

Immer noch (die Debatte hält sich schon mehr als zehn Jahre) schlägt das Pendel zugunsten Disziplin, Gehorsam, Leistungsorientierung aus. Allerdings werden die Stimmen klarer und lauter, die darauf hinweisen, wie wichtig Liebe, Achtung, Vertrauen und Kooperation in der Erziehung sind.[20]

Die neue-alte Diskussion um die Bildungs- und Erziehungskatastrophe erregt demnach bis heute nicht nur die Gemüter der Bevölkerung, sondern auch der Pädagoginnen und Pädagogen, der Politiker/innen und natürlich auch der Eltern. In den Ursachenzuschreibungen, die auf vielen Ebenen stattfinden, geraten neben der unzureichenden Bildungspolitik und unzulänglicher individueller schulischer Förderung auch schwierige familiäre und soziale Hintergründe der Kinder sowie mangelnde Erziehungskompetenzen der Eltern ins Blickfeld der Diskussionen.

Alle Beteiligten erhalten ihre Schelte, Eltern ebenso wie Kindergartenerzieherinnen, Lehrer, Bildungspolitiker, die Medien, „die" Gesellschaft – so bleibt kaum jemand, der nicht in irgendeinem privaten oder öffentlichen Bereich mit dafür verantwortlich zu machen wäre, dass wir uns mitten in einer Erziehungs- und Bildungskrise befinden. Parallel zur Ursachenforschung und zur „Rundum-Schelte" ist die Suche nach Lösungsstrategien in vollem Gange. So setzen die einen auf die Verbesserung der Elementarpädagogik, die anderen plädieren für Ganztagsschulen oder für eine stärkere Vernetzung zwischen Eltern, Lehrern und Sozialpädagogen, im Sinne von Erziehungs- und Bildungspartnerschaften. Ein vielseitiges Konzept wurde von der Interdisziplinären Studiengesellschaft e. V. anlässlich einer Tagung zur Bildungs- und Erziehungskrise im September 2002 in Form von „Neusser Thesen zur Bildungspolitik" entwickelt, die auch nach ca. zehn Jahren nichts an Aktualität eingebüßt haben:

„1) Für eine zukunftsfähige Gesellschaft benötigen wir die Erziehung zu Toleranz, Verantwortungsbereitschaft, Soziabilität und historischem Bewusstsein, die Förderung der Kreativität und der Fähigkeit, vernetzt zu denken. Bildung ist die immaterielle Ausstattung, die uns befähigt, uns und unsere Welt zu verstehen, die notwendigen Fertigkeiten zur Daseinsbewältigung und -gestaltung zu erwerben, Chancen zu nutzen und Gefahren abzuwehren.

2) Die Bildung und Stärkung unserer Persönlichkeit geschieht zuerst innerhalb frühkindlicher Bindungsbeziehungen, die wiederum die Bühne bereiten für unverzichtbare Erfahrungen in der Gleichaltrigenwelt. Das Recht des Kindes auf Achtung existiert von der ersten Minute seines Lebens und muss sowohl von Eltern wie Lehrern respektiert werden. Denn: *Er*ziehungskompetenz ist vor allem *Be*ziehungskompetenz.

3) Die Vorbildfunktion auf allen gesellschaftlichen Ebenen muss wieder Wirklichkeit werden: Eltern, Lehrer, Politiker, Unternehmer sollten die Werte vorbildhaft vorleben, die sie predigen. Gerade die elterliche Erzie-

hungskompetenz und Vorbildfunktion sollte unbedingt gestärkt werden (z. B. durch frühe Hilfen, Beratung, Begleitung, Entlastung).

4) Kindergarten und Grundschule müssen gleichwertige Systeme sein und eine höhere gesellschaftliche Akzeptanz erfahren.
5) Viele Kinder wollen mehr lernen, als dies gegenwärtig in Kindertageseinrichtungen der Fall ist. Die Ausbildung der ErzieherInnen muss deshalb verbessert werden, es müssen stärker vorschulische Lernangebote eingeführt werden und Lern- und Erfahrungswelten für Kinder aller Milieus zur Verfügung stehen. Die (Mutter-)Sprache sollte gefördert, die Wahrnehmung sozialer Konfliktsituationen trainiert, motorisch-sensorische Fähigkeiten unterstützt werden.
6) Schulbildung ist mehr denn je Faktor des gesellschaftlichen Wandels und sollte die veränderte gesellschaftliche Wirklichkeit reflektieren. Interkulturelles Denken und Handeln ist ein Bestandteil des alltäglichen Lebens. Die Lebens- und Berufslaufbahnen sind entstandardisiert worden. Im Prozess des Wissenserwerbs müssen deshalb eigene Erfahrungen und Kompetenzen eingebracht werden können.
7) Die Ausbildung der LehrerInnen muss professionalisiert werden. Pädagogisch-psychologische Kenntnisse sowie Kenntnisse über Lernstörungen, Übungen zur Selbstreflexion und der didaktische Umgang mit Gruppen müssen ebenso Bestandteile der Ausbildung werden wie Berufserfahrungen in Form von Praktika in unterschiedlichen Berufen.
8) Die Schule muss wieder ihre Mitte zwischen Ideal und Realität finden. Dazu gehören:
   a. Vor allem in der Primarstufe sollten die Schülerzahlen klein sein (max. 15 Schüler), die Schulzeit sollte maximal 12 Jahre betragen;
   b. die Lernarbeit der Kinder muss im gesellschaftlichen Bewusstsein gleichwertig zur Berufsarbeit der Erwachsenen werden;
   c. Lesen, Erzählen und das freie Sprechen müssen vom ersten Schuljahr an geübt werden;
   d. möglichst viele Lehrinhalte sollten mit einer Anwendungsmöglichkeit verbunden werden, Projektarbeit sollte Bestandteil jeder schulischen Arbeit werden;

e. das pädagogische Gespräch über die Schüler (und mit ihnen) muss institutionalisiert werden: LehrerInnen brauchen grundsätzlich Supervision und Raum für die Selbstreflexion;
f. die festen verbindlichen Lernfelder sollten sein: Deutsch, Mathematik, Geschichte/Erdkunde, Fremdsprachen, Naturwissenschaft, Sport, Kunst/Musik, Philosophie;
g. es sollte eine umfassende „Allgemeine Wirtschaftslehre" für den Schulunterricht entwickelt und an allen Schulformen und -stufen eingeführt werden;
h. es sollten Foren für jüngere, mittlere und ältere Schüler geschaffen werden, in denen sie ihre Fertigkeit präsentieren können. Deshalb sollten gezielt Talente über die Grundfertigkeiten hinaus gefördert werden;
i. regelmäßige Leistungsvergleiche zwischen Lehrern, zwischen Schulen gehören zukünftig zum Standard. Die selbstständige Schule soll im Wettbewerb eine Chance zum Vergleich und zur Entwicklung eines eigenständigen Profils bekommen.

9) Bei der Entwicklung der Schulkonzepte müssen die verschiedenen Ressourcen und sozialstrukturellen Bedingungen vor Ort unbedingt berücksichtigt werden.
10) Neue Institutionen der Zusammenarbeit zwischen Schulen und Elternhaus, zwischen Gesundheitswesen, Jugendämtern, Schulpsychologie, Kinder- und Jugendpsychiatrie und Schulen sind notwendig.
11) Kein Schulsystem kann mehr leisten, als es der Gesellschaft wert ist.
12) Die Schule muss sich vom Niederlagensystem zum Erfolgssystem wandeln, um die Humanressource Bildung entfalten zu können und für Schüler wie Lehrer motivierend und stimulierend zu sein."[21]

Ein breiter Konsens der unterschiedlichen Überlegungen besteht darin, die Familie in ihrem Erziehungsauftrag stärker zu unterstützen, sei es materiell, durch qualifizierte Betreuungsangebote für Kinder oder durch präventive Maßnahmen zur Stärkung der elterlichen Erziehungsfähigkeiten.

Die Familie stellt nach wie vor die entscheidende „Werkstatt für Persönlichkeit" dar. Aktuelle Ergebnisse der Bindungsforschung weisen auf den Zusammenhang von „sicher gebundenen Kindern" und deren Selbst- und Weltvertrauen hin. In den ersten Lebensjahren werden die wesentlichen Grundlagen dafür gelegt, wie Menschen sich und andere wahrnehmen, welches Selbstbild sie entwickeln, wie sie Lebenssituationen und Konflikte erleben und wie sie lernen, damit umzugehen. Die Familie nimmt dabei auf unterschiedliche Weise Einfluss auf die Persönlichkeitsentwicklung des Kindes. Wesentliche Wirkungen gehen vom mütterlichen und väterlichen Erziehungsverhalten und von ihrer Einstellung zum Kind aus. Wenn sich Eltern in ihrer eigenen Lebensgestaltung verunsichert fühlen, wird es für sie immer schwieriger, Verantwortung für sich selbst, geschweige denn für ihre Kinder zu übernehmen. Vorbilder für eine „gelungene Lebensgestaltung" oder für Strategien zur Bewältigung von Krisen fehlen vielen Erwachsenen weitgehend, so dass die Lebensführung immer mehr zu einem „individualisierten Projekt" wird, das oft als anstrengend, kompliziert und mühsam erfahren wird. Das verstärkt nicht nur die Unsicherheit im eigenen Lebensvollzug, sondern auch in den Alltagsleistungen, zu denen Erziehung gehört.

1.2 Lebensführung – ein „individualisiertes Projekt"?

Die Vorgaben einer „Normalbiografie" oder einer „Normalfamilie" können nicht mehr allein als Bezugspunkte dienen. Ohne Stütz- und Leitlinien, zu denen auch Wertorientierungen und normative Vorgaben gehören, entwickelt sich die Lebensführung immer mehr zu einem individualisierten Projekt, bei dem die Möglichkeiten des Scheiterns zunehmen.
Die Freiheit der Persönlichkeit kann durch täglich neu zu fällende Entscheidungen zu einer Überforderung werden und zur Abhängigkeit von Meinungsmachern und Konsumangeboten führen. Ständig müssen notwendige Informationen eingeholt, Zusammenhänge erkannt, Wirkungen und Folgen eingeschätzt werden. Für viele bedeutet diese neue Art der Freisetzung einen Verlust von Lebenszusammenhängen. Es fehlt eine sichere Orientierung: „Freiheit ist riskant geworden".[22] Aufgrund der vielen Wahl-

möglichkeiten, sowohl in den kleinen Dingen des Alltags als auch in den großen Lebensentscheidungen, besteht das Dilemma darin, sich *für* etwas und damit zugleich *gegen* vieles andere entscheiden zu müssen. Solche Entscheidungen kosten nicht nur psychische Energie, sie sind auch zeitaufwendig und bedürfen der Absprachen und des Aushandelns mit anderen. Je stärker sich der Einzelne mit seinen Entscheidungen überfordert fühlt, desto größer kann die Sehnsucht nach einfachen, schnellen Antworten und starken Persönlichkeiten werden. Mit der Individualisierung des Lebensweges und der Lebensformen wird Identität zu einer Leistung, die der Einzelne im Austausch mit anderen je nach Situation aktiv herstellen muss. Es werden Bewältigungsproblematiken ersichtlich, die alle Lebensphasen (Kinder, Jugendliche, Erwachsene) betreffen. Der Psychologe Heiner Keupp spricht in diesem Zusammenhang von einer „Patchwork-Identität“[23]. Er legt dar, wie durch veränderte gesellschaftliche Bedingungen, die mit den Begriffen „Risikogesellschaft“, „Individualisierung“ oder „Enttraditionalisierung“ beschrieben werden, der moderne Mensch zunehmend als „Produzent individueller Lebenscollagen“ gesehen wird. Er muss sich in langwierigen Prozessen des Aushandelns mit anderen aus den vorhandenen Lebensstilen und Wertorientierungen seine eigene Biografie zusammensetzen.

Eine Voraussehbarkeit und Planung, zum Beispiel im Hinblick auf Schullaufbahn und Berufskarriere eines Kindes, wird immer weniger möglich, da zum Zeitpunkt des Schuleintritts oder der Studienwahl nicht absehbar ist, ob etwa genügend Arbeitsstellen in dem angestrebten Beruf bei Ende der Ausbildung zur Verfügung stehen werden. Fähigkeiten wie Flexibilität und Mobilität, der Aufbau von sozialen Beziehungen, Konfliktfähigkeit, Kreativität und Selbstorganisation sind in einem weitaus höheren Maße als bisher erforderlich, wenn es darum geht, den eigenen individuellen Lebensweg zu finden. Eindeutige und normative Lebensplanvorgaben, beginnend mit der Auswahl eines bestimmten Kindergartens, der mit einem konkreten Vorschulprogramm die Schulkarriere in einer bewusst ausgewählten Schule und darauf folgend einer Universität vorbereiten soll, um nach dem Abschluss des Studiums in den angestrebten Beruf zu münden, der dann bis zur Pensionierung ausgeübt werden kann, gibt es nur noch selten. Die wenigsten Menschen können davon ausgehen, ihren einmal erlernten Beruf vierzig Jahre in der gleichen Firma ausüben zu können. Durch die rapide Weiterentwicklung von Wissenschaft und Technik, die lebenslanges – nicht nur berufliches – Lernen und Weiterbildung zur Folge hat, durch Arbeitslosigkeit, Wohnortwechsel oder Arbeitsplatzveränderungen, durch instabile Partnerschaftsbeziehungen oder Familienauflösungen können schnell unerwartet neue Lebenssituationen entstehen, denen sich Kinder und Erwachsene zu stellen haben. Da das Leben immer weniger in vorgezeichneten Bahnen verläuft, werden Menschen häufiger lernen müssen, mit der Ambivalenz von Entscheidungszwang und Entscheidungsfreiheit umzugehen.

Es wird deutlich, dass eine wesentliche Aufgabe der Erziehung sein muss, Lebenskompetenzen zu unterstützen und zu helfen, psychosoziale Bewältigungsmuster aufzubauen, damit Erwachsene und Kinder mit den komplexen Anforderungen dieser veränderten gesellschaftlichen Rahmenbedingen zurechtkommen. Dies kann zu einer erheblichen Belastung, aber auch zu neuen positiven Herausforderungen für einzelne Individuen oder Systeme führen. Gerade die neueren Ergebnisse der Bindungsforschung zeigen, dass sicher gebundene Menschen, die früh die Erfahrung von Kontinuität und Stabilität, emotionaler Wärme und Achtung, Schutz und Sicherheit in den Beziehungen der frühen Lebensjahre erfahren haben, besser vorbereitet sind, mit krisenhaften Erfahrungen im Leben umgehen zu können. Ob ein Individuum eine Anforderung als Belastung oder als kreative Herausforderung erlebt, hängt von unterschiedlichen Faktoren ab, nicht zuletzt auch von dem Zusammenwirken seiner persönlichen kognitiven, sozialen und emotionalen Ressourcen. Die Entwicklung, Unterstützung und Sicherung dieser Kompetenzen wird von daher immer wichtiger. Aus diesem Grund halte ich es für unerlässlich, Eltern nicht nur in ihrer wichtigen Aufgabe der Erziehung zu unterstützen, sondern ihnen auch Hilfen für die eigene Lebensgestaltung zu geben, sie auf ihre Rollen in Partnerschaft und Familie vorzubereiten und auch darin zu begleiten. „Das formelle Bildungssystem bereitet auf die wichtigste Rolle im Leben, die des

Partners/Vaters beziehungsweise der Partnerin/Mutter, wenn überhaupt, nur äußerst unzureichend vor. Und dies obwohl alle psychologischen Entwicklungstheorien die Bedeutung der (frühen) Kindheit für die weitere Entwicklung anerkennen und die Familie, vor allem die Eltern, als einen der wichtigsten Einflussfaktoren für die physische, psychische und soziale Entwicklung des Kindes betrachten."[24]

Eltern müssten sich darüber hinaus in einem Prozess der Selbstreflexion und Selbsterziehung viel stärker als bisher austauschen, damit sie immer mehr zu Vorbildern ihrer Kinder werden und ihnen gute Voraussetzungen für deren Persönlichkeitsbildung und -stärkung bieten können.

1.3 Alltag und Erziehung

Im Gegensatz zu höheren Säugetieren ist der Mensch in den ersten Lebensjahren nicht in der Lage, seine Grundbedürfnisse selbst zu befriedigen oder an gesellschaftlichen Lebenszusammenhängen aktiv gestaltend eigenständig teilzunehmen. Zum Überleben ist ein Säugling auf die liebevolle Pflege und Fürsorge anderer angewiesen. Abhängig von soziokulturellen Gegebenheiten muss er in einem relativ langen Prozess des Erwachsenwerdens beträchtliche Lernleistungen erbringen, um sein Leben selbstständig gestalten zu können. In Zeiten der enormen Beschleunigung in Wissenschaft und Technik stellt sich dies als lebenslanges Lernen dar. Lernen geschieht hierbei sowohl intentional durch gezielte Interventionen und Lernanreize von Eltern und Berufspädagogen als auch durch eigentätige Aneignung von Lebenswelt, vorerst in der Primärsozialisation, später in der Sekundärsozialisation.

Der Mensch unterscheidet sich vom Tier vor allem durch seine hohe Lernfähigkeit. Deren Ursachen können in der Reduktion genetisch fixierter Instinkte gesehen werden, durch die der Mensch weniger auf bestimmte Verhaltensweisen festgelegt und zu einem umweltungebundenen, entscheidungsfreien und weltoffenen Wesen wird. Mit der Lernfähigkeit des Menschen wird auch seine Lernbedürftigkeit und damit die Unverzichtbarkeit von Erziehung und Unterstützung zur Entwicklung seines Menschseins deutlich, denn mit der *Lern-und Erziehungsbedürftigkeit* des Menschen ist auch seine *Lernfähigkeit und Erziehbarkeit* verbunden. Grundlage des Erziehungsalltags – und auch des individuellen Erziehungskonzepts – ist das Menschenbild derjenigen, die erziehen. Das Menschenbild hat maßgeblich Einfluss auf die Haltung des Erwachsenen dem Kind gegenüber und beeinflusst das alltägliche Zusammenleben: Es ist ein gravierender Unterschied, der sich auf die Einstellung zum Kind und auf das Erziehungsverhalten auswirkt, ob Eltern ihr Kind vorwiegend als Objekt der Erziehung betrachten oder ob sie, wie der polnische Pädagoge und Schriftsteller Janusz Korczak, dem Kind das Recht auf Achtung zuschreiben und es als Subjekt verstehen. Abgesehen vom Menschenbild und dem darauf basierenden Erziehungskonzept, spielt die Umwelt, in der eine Familie lebt, eine große Rolle für die Gestaltung des Erziehungsalltags. Entscheidende Bedingungen sind: die Wohnverhältnisse, das soziale Umfeld, die Arbeitslage der Eltern, die finanzielle Situation, die Einstellung des Staates zur Kindererziehung und zur Familie und welche Unterstützung den Eltern zur Verfügung steht. Der Erziehungsalltag wird also nicht nur durch das Erziehungskonzept und das Menschenbild beeinflusst, sondern auch durch die Umweltbedingungen in denen Familien leben.

Jeder Mensch hat eine Vorstellung von dem, was unter Erziehung zu verstehen ist. Diese individuelle Ansicht ist vor allem durch eigene Kindheitsmuster geprägt, die trotz aller Unterschiedlichkeit in einen gemeinsamen gesellschaftlichen Kontext eingebunden sind. Der Erziehung werden vielfältige Bedeutungen zugeschrieben, die sich je nach Betrachtungsweise durchaus widersprechen. Dies drückt Herbert Gudjons aus, wenn er schreibt, Erziehung sei „... ein Prozess wie dessen Ergebnis, eine Absicht wie ein Handeln, ein Zustand wie dessen Bedingungen, eine (deskriptive) Beschreibung und eine (präskriptive) Wertung, eine absichtsvolle Handlung (intentional) wie absichtslose gesellschaftliche Einflüsse (funktional), ein historisches Phänomen wie ein überzeitliches usw.“[25] Historische, gesellschaftliche, soziokulturelle Entwicklungen, lebensweltliche Rahmenbedingungen und Orientierungen sind der Grund für die unklare definitorische Aussage dessen, was Erziehung ist und was sie bewirken soll. In einer pluralistischen Gesellschaft werden Zielvorstellungen über Erziehung notwendigerweise kontrovers bleiben. Ausgangspunkte sind die persönlichen Norm- und Wertvorstellungen sowie das Alltagswissen von Erzieherinnen und Erziehern.

Erziehung findet zuerst in der Primärsozialisation innerhalb der Familie statt und stellt eine zentrale, alltägliche Aufgabe dar, die einen eigenen Raum im Familienleben einnimmt. Das Familienleben findet in einem festen Rahmen, dem Familienalltag, statt und wird durch die Kommunikation und das jeweilige Verhalten der einzelnen Familienmitglieder bestimmt. Jede Familie entwickelt ihre eigenen Lebens- und Alltagsmuster, ihre eigenen Menschen- und Kindheitsbilder, ihre jeweils spezifische Kommunikation, die ihr Handeln leiten. Die Muster werden ständig geübt, angewandt und dadurch manifestiert. Die Interaktionen orientieren sich somit an einem Selbstverständnis, das auf dem Alltagswissen der einzelnen Mitglieder basiert. Zugleich schaffen die Interaktionen auch erst dieses Alltagswissen. Normalerweise machen wir uns wenig Gedanken über unsere Wirklichkeit, die wir als unbezweifelbare Realität ansehen. Meist nehmen wir sie unreflektiert und als selbstverständlich gegeben hin. Die Grundstruktur dieser Wirklichkeit haben alle Individuen einer Kultur gemeinsam, denn der Alltag beruht auf einem gemeinsamen Interpretationsrahmen. Dadurch ist das Erleben, Erkennen, die gegenseitige Beziehungsaufnahme, die Art und Weise, wie wir handeln, ähnlich; zumindest unterstellen wir diese Ähnlichkeit und tun so, als ob es sie gäbe. Dadurch wird den Menschen untereinander ein angemessenes Handeln ermöglicht. Dieses Alltagswissen ist durch räumliche, zeitliche und soziale Grundstrukturen, durch den Lebenslauf, individuelle physiologische Gegebenheiten und die Kultur, in der ein Mensch lebt, geprägt und auch begrenzt. Das Alltagswissen des Einzelnen entsteht nicht nur durch selbst Erlebtes, sondern hauptsächlich durch den Austausch und die Vermittlung von Erfahrungen und Erkenntnissen der Mitmenschen. Der Wissensvorrat des Alltagshandelns beruht weitgehend auf der Sozialisation und den Traditionen, die in einer bestimmten Gesellschaft vermittelt werden.

Jeder Mensch ist im Rahmen seiner alltäglichen Lebenswelt dazu gezwungen, sich mit Natur, Kultur und Gesellschaft auseinanderzusetzen und seine eigenen Erfahrungen zu interpretieren. Wir müssen die alltägliche Umwelt verstehen, um in ihr leben zu können. Weil wir in ihr leben, glauben wir sie bereits verstanden zu haben, ohne das Verstehen jemals überhaupt reflektiert oder problematisiert zu haben. Auf diese Weise bilden wir aus unserem Erfahrungsvorrat, unseren Ansichten und dem darauf basierenden Glauben sowie aus unserer Haltung ein Alltagskonzept. Es ermöglicht uns die Zuordnung des Wahrgenommenen oder des Erlebten in ein Bezugsschema. Dieses Alltagskonzept ist auf Beständigkeit angelegt und somit relativ stabil. Werden wir mit einer unbekannten Situation konfrontiert, versuchen wir sie mit bekannten Mitteln, im Einklang mit unserem Alltagswissen, zu lösen, wodurch der kognitive und emotionale Lösungsaufwand in Grenzen gehalten wird.

Wann aber verändert man sein Konzept? Wodurch kommt es zu reformierenden Aktivitäten des Alltagskonzepts oder einzelner Glaubenssätze aus diesem Konzept?

Diese Fragen stellen sich im Zusammenhang mit unserem Thema dann, wenn darüber nachgedacht wird, wie Erziehende ihre bisherigen, entwicklungshemmenden Erziehungskonzepte zugunsten entwicklungsfördernder Verhaltensweisen verändern können. Zum einen gibt es autonome Änderungen (d. h. man ändert das Konzept aus eigenem Antrieb), und zum anderen gibt es heteronome, erzwungene Änderungen. Das Konzept wird dann autonom verändert, wenn die „Kosten höher als der Nutzen" sind. „Eine solch elementare Störung der Kosten-Nutzen-Bilanz scheint, entsprechend klinisch-therapeutischen Belegen, die Erfahrung von Leid und das Erleben von Krisen zu sein (vgl. der Leidensdruck als grober Indikator für Therapiechancen): Leid wie Krisen haben systemverändernde Potenzen und bahnen den Einsatz reformierender statt reflexiver Aktivitäten."[26] Auf Erziehung bezogen bedeutet dies, dass Eltern zum Beispiel bei größeren Problemen im Umgang mit ihren Kindern Hilfe suchen und auf eine Änderung ihres Erziehungsverhaltens hinarbeiten. Auch das Erkennen eines entscheidenden Vorteils ermutigt zur Änderung. Ein nicht zu unterschätzender Vorteil etwa wäre, wenn Erziehung weniger Belastung und Stress und stattdessen mehr Freude für alle Beteiligten bedeutete. Abgesehen von einer „Kosten-Nutzen-Bilanz" sind für eine Änderung noch zwei andere Gesichtspunkte ausschlaggebend: die erreichte Rigidität (Grenzfestigkeit) des Konzepts und das Wahrnehmen und Leiden an einer Spannung im vertrauten sozialen Netz. Diese Strategien der Sicherung und der Änderung von Konzepten spielen eine besonders große Rolle für den alltäglichen Umgang miteinander.

Diese für den Alltag generell geltende Theorie kann auch auf die Erziehung in der Familie übertragen werden. Denn ein großer Teil der Erziehung beruht auf dem *Alltagswissen* der Eltern. Somit gründet sich das Erziehungskonzept des Einzelnen auf individuellen, familiären, sozialen und kulturellen Erfahrungen. Das bedeutet, dass Eltern die Erziehungstheorien, die ihr Erziehungsverhalten prägen, weitgehend ihrem persönlichen Erfahrungsschatz, ihrem „psychologischen Alltagswissen", entnehmen. An diesem orientiert man sich grundsätzlich, wenn man mit seinen Mitmenschen in Interaktion tritt. Es enthält die Bezugsschemata, die Theorien und Glaubenssätze, die wichtig sind, um Handlungen und Reaktionen der Mitmenschen einzuordnen und ein eigenes angemessenes Verhalten zu ermöglichen. Dieses psychologische Alltagswissen lässt sich in drei aufeinander folgende Formen unterschiedlicher Wertigkeit unterteilen:

a) Das *Herstellungswissen* ermöglicht es dem Menschen, so zu reagieren und zu agieren, dass man beim Gegenüber ein gewünschtes Verhalten herstellt. Es ist aber auf bestimmte Personen oder Situationen beschränkt. Auf die Erziehung bezogen bedeutet dies, dass Eltern zum Beispiel wissen, dass ihr Kind aufhört zu weinen, wenn sie es auf den Arm nehmen.
b) Das *Regelwissen* ist nicht auf eine konkrete Situation oder einen bestimmten Menschen bezogen. Es ist ein Wissen um allgemeine Gesetzmäßigkeiten. Erwachsene wissen zum Beispiel, dass man kleine Kinder in der Regel beruhigen kann, wenn man sie auf den Arm nimmt.
c) Die dritte und höchste Form des psychologischen Alltagswissens ist das *Funktionswissen*, das erklärt, warum man mit einem bestimmten Ver-

halten bei einem anderen Menschen das erreicht, was man erreichen will, oder wieso derjenige in dieser Art und Weise reagiert und handelt. Es liefert Erklärungen über einzelne Verhaltenssituationen und Gesetzmäßigkeiten – im Grunde erklärt dieses Wissen, wie ein Mensch „funktioniert". Eltern wissen, dass das Weinen des Kleinkindes ein Hilferuf sein kann und dass sich durch den Körperkontakt beim Aufnehmen ein Gefühl der Geborgenheit und des Trostes einstellt. Psychologisches Alltagswissen ist nicht unfehlbar: „Es gibt zahllose Beispiele für wenig erfolgreiche Rezepte (Herstellungswissen), für unzulässige Verallgemeinerungen (Regelwissen) und unzureichende Erklärungen (Funktionswissen)."[27] Aber diese Bezugsschemata ermöglichen das Handeln im Erziehungsalltag und werden ganz wesentlich in die Erklärung und Legitimation von Verhaltensweisen einbezogen. „Alltagstheorien sind nicht defizitäre Theorien, im Gegenteil: Unter dem pädagogisch und didaktisch bedeutsamen Aspekt der Handlungskompetenz betrachtet, sind sie jener mit dem Alltagshandeln verbundene wirkmächtige Bestand subjektiver Theorien, aus dem heraus eine Person ihr alltägliches Handeln wirksam gestaltet. Das Fehlen von Alltagstheorien hätte einen Verlust an Handlungskompetenz zur Folge."[28]

Das Vorhandensein von Alltagstheorien im Zusammenhang mit Erziehung ermöglicht die Bildung eines Erziehungskonzepts, das als Maßstab für die Eltern-Kind-Interaktion dient. Mit diesem Erziehungskonzept wird der Erziehungsalltag gestaltet, der nicht nur durch das konkrete erzieherische Eingreifen, sondern überwiegend durch die Art des Zusammenlebens zwischen Eltern und Kindern bestimmt wird. Dabei spielt das alltägliche Verhalten der Eltern als Vorbild für die Kinder eine beträchtliche Rolle für das Erlernen von Verhaltensweisen. Der Erziehungsalltag in der Familie beruht also weitgehend auf dem gemeinsamen Erfahrungsbereich der Kinder und der Erwachsenen. Das Wissen der Kinder über diese Welt wird dadurch geprägt.

Eltern, die bereit sind, sich neuen Situationen gegenüber offen zu verhalten und ihr Verhalten in Frage zu stellen, sind in der Lage, ihre Handlungskompetenz zu erweitern. Eltern benötigen diese Offenheit, da ihr psychologisches Alltagswissen, wie zuvor erwähnt, nicht unfehlbar und auch begrenzt ist. Besonders bedeutsam wird dieser Aspekt zum Beispiel bei der Lösung von Konflikten im Erziehungsalltag: Während der Entwicklung des Kindes sind Eltern in den verschiedenen Entwicklungsphasen des Kindes mit unterschiedlichen Problemen konfrontiert. Eine Starrheit im Erziehungskonzept der Eltern verhindert eine Anpassung an die situativen und individuellen Bedürfnisse und Probleme des Kindes. Durch eine gewisse Offenheit besteht die Möglichkeit, sich neue, noch unbekannte Ansätze zur Problemlösung anzueignen, um auf die sich ändernden Bedürfnisse des älter werdenden Kindes flexibel eingehen und das vorhandene Erziehungskonzept auf seine Gültigkeit und Wirksamkeit hin überprüfen zu können. Eine Erziehungsmethode und somit auch die zu Grunde liegende Theorie – beziehungsweise das zu Grunde liegende psychologische Alltagswissen – werden, wenn sie keinen Erfolg bringen, im besten Fall auf Änderung versus Sicherung hin überprüft. Wenn das Verhalten sich nicht in Richtung der gewünschten Ziele darstellt, wird es im Erziehungsalltag überdacht. Im besten Fall schaffen es Eltern dann, ihr Verhalten der Situation entsprechend anzupassen.

Starre Alltagskonzepte lassen sich grundsätzlich durch neue Erfahrungen, durch Neu- oder Umlernen oder durch Orientierung an Vorbildern verändern. Ob es allerdings dazu kommt, liegt letztendlich an der Bereitschaft, alte Denkmuster und Alltagstheorien zu überprüfen, Widersprüche in Frage zu stellen und autonom verändern zu wollen. Möglichkeiten zur Veränderung rigider Alltags- und Erziehungstheorien könnten vor allem durch folgende Punkte gegeben sein:

- Eltern haben einen (gewissen) Leidensdruck und/oder Veränderungswunsch und suchen nach neuen Informationen oder Erfahrungsaustausch in Elterngruppen. Ein Erfahrungsaustausch mit anderen Eltern ermöglicht neue Perspektiven und relativiert die eigene Sicht. Neue Theorien über Erziehung und kindliche Entwicklung könnten das vorhandene Wissen erweitern und zu Hause erprobt werden.
- Eltern finden ein positives Modell (zum Beispiel bei dem/der Erzieher/in oder Lehrer/in ihrer Kinder oder in einem Elternkurs durch die Kurs-

leitung) für ein neues Kommunikations- und Interaktionsverhalten und versuchen dies in ihrem eigenen Alltag zu erproben.

Grundsätzlich aber gibt es für erfolgreiche Änderungsprozesse zwei notwendige Voraussetzungen:

- ein Problembewusstsein, das heißt das Wissen oder die Ahnung um ein Problem und die Erkenntnis oder zumindest die Hoffnung, dass es durch eigene Anstrengung und Selbstveränderung behoben werden könnte;
- eine Motivation zur Veränderung, das heißt die Bereitschaft, eigene Alltagstheorien und Verhaltensweisen in Frage zu stellen, zu überprüfen und unangemessene korrigieren zu wollen, auch wenn das manchmal anstrengend, mühsam und schmerzvoll ist.

2 Entwicklungsfördernde Interaktion und die Rechte des Kindes

Kinder fordern ihre Erzieherinnen und Erzieher, Väter und Mütter heraus, sich mit ihren eigenen Entwicklungsaufgaben und Lebensthemen zu befassen. In kaum einem anderen Lebensbereich erhalten Erwachsene so viele Möglichkeiten, über sich selbst und das eigene Gewordensein nachdenken zu können, wie in der Begegnung mit dem Kind. Dies als positive Herausforderung zu verstehen und das Postulat des lebenslangen Lernens auch auf die eigene Person zu beziehen, ist dann möglich, wenn in der Erziehung eine *dialogische Struktur des Miteinander-Umgehens* enthalten ist. Sie verhindert zum einen, dass Kinder zu Objekten der Erziehung werden, und kann zum anderen dazu verhelfen, Erwachsene für eigene Lebensperspektiven sensibler zu machen, sie aus ihrer Rollenrigidität herauszuführen und ihnen neue Lebendigkeit zu eröffnen. Lebendige Erwachsene, die sich als Personen mit ihren Stärken und Schwächen in die Beziehung zu Kindern einbringen, erleben Erziehung als gemeinsamen Wachstumsprozess, der sowohl für Kinder als auch für Eltern entwicklungsfördernd ist. Davon soll im Folgenden die Rede sein.

2.1 Von der Chance, miteinander zu wachsen

Das Erziehungsverhalten ist sehr viel weniger als angenommen durch konkrete Methoden bestimmt, die rezeptbuchartig umgesetzt werden können, als vielmehr durch die grundsätzliche Haltung zum Leben, zu den Mitmenschen und sich selbst gegenüber. Hieraus entwickeln Erwachsene jene Vorstellungen und Bilder vom Menschsein und vom Kind, die ihr Verhalten bestimmen. Von daher sollte die Selbstreflexion – und Selbsterziehung – der Erwachsenen grundlegender Bestandteil jedes Erziehungsprozesses sein, zumal Erziehung entscheidend dadurch beeinflusst wird, wie

Erwachsene ihr eigenes Leben gestalten, welche Werte ihnen wichtig sind, was sie hoffen und wovon sie überzeugt sind. Eine Thematik, die sich mit Fragen der Erziehung befasst, muss sich notwendigerweise auch damit auseinandersetzen, wie Eltern ihr Menschsein verstehen. Konkrete Entwicklungsprozesse bei Kindern und Jugendlichen rühren immer auch die Lebensbereiche derjenigen an, die sie erziehen. Die implizite Annahme darüber, wohin das Kind „geführt" werden soll, entspringt eigenen Werten, Lebensthemen und Sinnorientierungen. Es wird deutlich, wie wichtig die selbstreflexive Auseinandersetzung mit der eigenen Biografie ist, wenn es zu verhindern gilt, Kinder zu Objekten individueller unbewältigter Konfliktthemen zu machen.

„Wunde Punkte" oder Persönlichkeitsanteile, die in der eigenen Biografie ein „Schattendasein" führen, werden oft in der Konfrontation mit Erziehungs- oder Beziehungsthemen wieder aktualisiert. Haben Erwachsene zum Beispiel Probleme mit ihrer eigenen Autonomie oder Abgrenzung, werden sie die wichtigen Ablösungsversuche ihrer Kinder zu unterdrücken suchen und ihr Verhalten entsprechend legitimieren. Hat eine Mutter Angst vor Nähe und Bindung und hat sie diese selbst ambivalent erlebt, dann wird es ihr kaum gelingen, ihren Kindern klare und sichere Bindungsangebote zu machen. Ist ein Vater selbst unstrukturiert und unsicher, wird es ihm wahrscheinlich schwer fallen, im Zusammenleben mit dem Kind authentisch Grenzen zu setzen. Die Zusammenhänge der eigenen Konstruktion von Wirklichkeit können nur vor dem Hintergrund eigener Sozialisationserfahrungen selbstkritisch aufgespürt und verstanden werden. Dazu bedarf es nicht nur der Offenheit, sich diesen Themen stellen zu wollen, sondern auch des Austauschs mit anderen Menschen und manchmal auch der professionellen Unterstützung. Erwachsene und Kinder stehen gleichermaßen vor der Aufgabe, ihre Balance in ihrer jeweiligen Lebens- und Entwicklungssituation finden zu müssen. Beide können miteinander und voneinander lernen. Die Erkenntnis, dass der Umgang mit Kindern die Chance bietet, miteinander zu wachsen und sich gemeinsam zu entwickeln, lässt eine ganz neue Sicht auf Erziehung und Beziehung zwischen Erwachsenen und Kindern zu.

Auch wenn es in den entscheidenden ersten Lebensjahren nicht unwichtig ist, ob Kinder in ihren Eltern Vorbilder finden, die mit den eigenen polaren Grundbedürfnissen nach Kontinuität und Veränderung, nach Nähe und Distanz, nach Autonomie und Bindung, nach Ich-Werdung und Selbsthingabe lebendig umgehen können, so bedeutet das nicht, dass nur solche Erwachsene Kinder erziehen können, die ihre Balance bereits endgültig gefunden haben. Balance im Hinblick auf eigene Lebensimpulse ist nicht als ein irgendwann erreichtes Endprodukt zu verstehen, sondern ist ein lebenslanger Entwicklungsprozess[29].

Erwachsene, die auf der Suche nach ihren Entwicklungsmöglichkeiten sind, stellen in erster Linie Fragen und haben nicht für alles sofort eine Antwort oder eine Methode zur Bewältigung parat. Sie sind selbst unterwegs. Sie spüren ihre Ängste und Unsicherheiten, ihre eigenen Überforderungen und Defizite, auch sie bleiben nicht von Krisen verschont. Vielleicht ist es ihnen aber eher möglich, durch die Erkenntnis des Fragmentarischen und Unvollkommenen im eigenen Leben nachsichtiger im Umgang mit dem Nichtperfekten, Unfertigen und Unvollendeten im Leben anderer, insbesondere ihrer Kinder, zu sein?

Eine grundlegende fragende und suchende Haltung könnte Erwachsene sensibler und verständnisvoller werden lassen, nicht nur für die „schwere Arbeit des Wachsens“ (Janusz Korczak) ihrer Kinder, sondern auch für eigene Entwicklungsaufgaben.

Bevor es in den nächsten Kapiteln um pädagogische Leitlinien und ihre günstigen Auswirkungen auf das Erziehungsverhalten geht, betrachten wir zunächst das Interaktionsverhalten zwischen Eltern und Kindern und die Erfahrung der Selbstwirksamkeit sowie die Bedeutung der Kinderrechte allgemein und insbesondere das Recht des Kindes auf eine gewaltfreie Erziehung.

2.2 Interaktion im Erziehungsalltag

Jede Interaktion im Erziehungsalltag drückt sich durch die jeweilige Art und Weise aus, in der Eltern und Kinder miteinander kommunizieren. Jede Botschaft, die ausgetauscht wird, hat nach Friedemann Schulz von Thun vier Aspekte[30]:

- eine Beziehungsseite: was ich von dir halte und wie wir zueinander stehen,
- eine Selbstoffenbarungsseite: was ich von mir selbst kundgebe,
- eine Sachseite: worüber ich informiere,
- eine Appellseite: wozu ich dich veranlassen möchte.

Eine Äußerung enthält also mehrere Botschaften, die oft nicht einmal dem „Sender“ dieser Nachrichten im vollen Umfang bekannt sind und die vom „Empfänger“ interpretiert werden (müssen), was zu kognitiven und emotionalen Missverständnissen führen kann.
Die Kommunikation kann explizite, das heißt ausdrücklich formulierte, und implizite, d. h. unausgesprochene Nachrichten enthalten. Explizit ausgesprochen wird häufig nur ein Aspekt der Botschaft, der Sachaspekt. Die anderen drei Aspekte erscheinen „zwischen den Zeilen“. Nach Schulz von Thun ist Erziehung besonders durch „Kommunikation zwischen den Zeilen“, also durch implizite Botschaften, geprägt.[31] Gestik, Mimik, Körpersprache, Tonfall, Lautstärke und in welchem Moment was wie gesagt oder nicht gesagt wird, spielen für die Erziehung eine nicht zu unterschätzende Rolle. Auch ohne dass es explizit ausgesprochen wird, können Kinder oft erfassen, wozu Eltern sie auffordern wollen (Appell), wie ihren Eltern zumute ist (Selbstkundgabe) oder was die Eltern von ihnen halten (Beziehung). Die Beziehungsaspekte von Botschaften nähren entscheidend die Gefühle der Kinder und entwickeln und stärken dadurch ihr Selbstwertgefühl. Kinder nehmen durch die Beziehungsseiten in der Kommunikation auf, was die Eltern von ihnen halten, und fühlen sich entsprechend behandelt. Durch die Art, wie das Kind von den Eltern angesprochen und behandelt wird, egal ob durch verbale oder nonverbale Zeichen, wird dem Kind auch vermittelt, wie die Eltern zu ihm stehen.

Eltern, die ihren Kindern ein hohes Maß an Zuneigung, emotionaler Wärme und Achtung zeigen, die ihnen klare Strukturen und Grenzen vorgeben und einen hohen Grad an Mitbestimmung und Partizipation einräumen, geben ihren Kindern das Gefühl von Selbstwirksamkeit. Dadurch ermöglichen sie die Entwicklung von Autonomie und Selbstregulation und geben darüber hinaus ein hohes, der Entwicklung entsprechendes Anregungspotential. Solche Eltern können eher davon ausgehen, dass sich ihre Kinder zu selbstsicheren, autonomen, lebensfrohen, emotional stabilen, sozial kompetenten und leistungsbereiten Persönlichkeiten entwickeln. Sie besitzen Fähigkeiten, für die die Weltgesundheitsorganisation den Begriff „Life-skills", „Lebenskompetenz", geprägt hat. Menschen, die sich körperlich, seelisch und sozial wohl fühlen und die am wenigsten gefährdet sind, zu Suchtmitteln zu greifen, haben folgende Fähigkeiten entwickelt: Kommunikations- und Konfliktfähigkeit, die Fähigkeit, mit Gefühlen umzugehen, kritisches Denken, Entscheidungs- und Handlungsfähigkeit, Selbstreflexion und Selbstbewusstsein, Widerstand gegenüber Gruppendruck, die Fähigkeit, mit Stress und Ängsten umzugehen, Frustrationstoleranz, Interesse, auf Unbekanntes zuzugehen und es zu erkunden, Motivation, mit anderen etwas sinnvoll aushandeln, gestalten und verändern zu wollen. Es wird deutlich, dass diese Fähigkeiten vorwiegend in sozialen Beziehungen und durch eigene Erfahrungen erlernt werden und dass Eltern diese Kompetenzen im Umgang mit sich und ihren Kindern selbst entwickelt haben müssen.

Einige dieser Befähigungen sind im Menschen angelegt, müssen aber weiterentwickelt werden und entfalten sich in geeigneten Lebensvollzügen oder bedürfen der Unterstützung. Dies geschieht nicht in erster Linie durch Informationswissen, sondern in Erprobungsräumen, in denen Kinder und Jugendliche selbst zu Akteuren ihrer eigenen Lernprozesse und Erfahrungen werden. In realen Alltagssituationen sollten Kinder nicht nur ihr Entwicklungstempo selbst bestimmen, sondern auch Schwerpunkte und Lernthemen entsprechend ihrer individuellen Lebenssituationen auswählen können. Nichtpädagogisierte Lebensräume bieten diese Möglichkeiten, in denen Kinder sich ihre Umwelt aneignen können. Das gemeinsame Familienleben, oder wie Johann Heinrich Pestalozzi sagt, die „Wohnstubenatmosphäre“ und „die alltäglichen Umgangserfahrungen“ können solche Erfahrungsräume sein.

2.3 Von den Rechten des Kindes

Die Rechte des Kindes der UN-Konvention und das Gesetz zum Recht auf eine gewaltfreie Erziehung unterstützen den Ansatz der Subjektstellung des Kindes:

- UN-Kinderrechtskonvention

Lange bevor 1959 die UN-Deklaration und dann endlich 1989 die UN-Konvention Kinderrechte als völkerrechtliches Gesetz festlegten, forderte der polnische Arzt und Pädagoge Janusz Korczak bereits 1919 in seinem Werk „Wie liebt man ein Kind“ die „Magna Charta Libertatis“ als ein Grundgesetz mit Grundrechten für Kinder. Es war ihm Zeit seines Lebens ein Anliegen, Kinder als eigenständige Individuen zu achten. Korczaks Deklaration konnte allerdings zu seiner Zeit nicht weiter umgesetzt und realisiert werden.

Erst 1959 wurde in der „Erklärung über die Rechte des Kindes“ durch die Vereinten Nationen festgelegt, dass es auch für Kinder, der menschlichen Würde entsprechend, bürgerliche Rechte gibt. Hierzu gehören sowohl die Rechte auf Freiheit, auf Erziehung und Bildung, angemessene Versorgung, Liebe und Zuwendung als auch der Schutz vor Diskriminierung und Gewalt. Vergleicht man diese zehn Artikel mit dem, was Janusz Korczak bereits vierzig Jahre zuvor gefordert und gelebt hat, muss man enttäuscht feststellen, dass der Text weit hinter Korczak zurückgeblieben ist: Das Recht, als einmaliger Mensch, der keinem Entwurf entsprechen muss, der Geheimnisse und Träume haben darf, wahrgenommen zu werden, das Recht auf Zeit, auf Raum, auf lebendige Umgangserfahrungen, auf Trauer und Schmerz, das Mitspracherecht in allen das Kind betreffenden Lebensbereichen – alle diese Rechte kommen nicht vor. Janusz Korczak aber hielt ge-

rade sie für unentbehrlich und erachtete es für notwendig, Erwachsene darauf zu verpflichten, diese Rechte einzuhalten.
70 Jahre dauerte es, bis Korczaks Forderung zumindest teilweise realisiert wurde: In einer verbindlichen Rechtsform wurden 1989 einstimmig von der UN-Vollversammlung persönliche, soziale, sittliche, kulturelle und politische Rechte für Minderjährige verabschiedet. Damit wurde der Kindheit ein eigener Wert eingeräumt und gesetzlich verankert, was Korczak bereits Jahrzehnte vorher gefordert hatte. Bis heute ist es jedoch nicht möglich, dass Kinder oder ihre Vertreter diese Rechte auch einklagen können. So ist es immer noch Realität, dass es sowohl in unserem Land als auch in den anderen Mitgliedstaaten der UN unzählige Kinder gibt, die misshandelt, ausgebeutet und diskriminiert werden. Kinder haben ein unveräußerliches Recht auf Schutz und Förderung. Nicht zuletzt durch die UN-Deklaration über die Rechte der Kinder ist die Sensibilität bei vielen Erwachsenen gestiegen, wenn es um Persönlichkeitsverletzungen von Kindern geht. Für die Wahrung der Kinderrechte setzen sich heute Kinderkommissionen und Kinderbeauftragte ein. Kinderinteressenverbände, wie zum Beispiel der Deutsche Kinderschutzbund, fordern und praktizieren politisches und gesellschaftliches Handeln, damit Kinder in ihren Entwicklungsmöglichkeiten unterstützt werden.
1979, im „Internationalen Jahr des Kindes“, wurde eine Arbeitsgruppe der Menschenrechtsorganisation der Vereinten Nationen beauftragt, eine völkerverpflichtende Kinderrechtskonvention zu erarbeiten. 1989 wurde diese verabschiedet und inzwischen von über 190 Staaten ratifiziert. 1992 unterzeichnete auch die BRD die Konvention. Die Grundaussage der Konvention in Artikel 3 besagt, dass sich die Vertragsstaaten verpflichten, ihre politischen und gesetzlichen Maßnahmen am Wohl des Kindes zu orientieren.
Die Kinderrechte beinhalten 54 Artikel, die in vier Bereiche unterteilt sind: *Überlebensrechte* (survival rights) mit den Rechtsgrundlagen auf ausreichende Ernahrung, angemessene Wohn- und Lebensverhältnisse und eine umfassende Gesundheitsversorgung, *Entwicklungsrechte* (development rights) mit dem Recht auf Bildung und Religionsfreiheit, *Schutzrechte* (pro

tection rights) mit dem Schutz vor Gewalt, sexuellem Missbrauch und Ausbeutung und *Beteiligungsrechte* (participation rights) mit den Rechten der aktiven Beteiligung an für Kinder relevanten Entscheidungen und dem Recht auf freie Meinungsäußerung.

Bis zur Unterzeichnung der Kinderrechtskonvention durch die Bundesrepublik Deutschland 1992 war es ein konfliktreicher Weg. Vorausgegangen waren kontroverse Diskussionen von Pädagogen und Politikern darüber, ob der Partizipationsgedanke durchführbar sei und Kinder grundsätzlich die kognitiven und moralischen Voraussetzungen hätten, um sich an Entscheidungsprozessen gesellschaftlicher, politischer und kultureller Art beteiligen zu können. Auch den Argumenten, dass in der westlichen Welt doch längst alle Forderungen der Konvention erfüllt seien, musste entgegengewirkt werden. Die Not der Kinder in der BRD hat ein anderes Gesicht als die Not der Kinder anderer Vertragsstaaten. Während es 1924 in der Erklärung über die Rechte des Kindes durch den Völkerbund in erster Linie um Schutz und Versorgung von Kindern ging und die Erklärung der Vereinten Nationen 1959 das Recht auf Freiheit und Würde einfügte, stellt gerade der vierte Bereich der UN-Kinderrechtskonvention von 1989 eine grundlegende Erweiterung der Kinderrechte dar: Hier wird die Partizipation von Kindern auf politischer, gesellschaftlicher und kultureller Ebene ausdrücklich gefordert. Neben der Versorgung und dem Schutz werden Kindern bürgerliche Rechte zugestanden.

Kinder werden nicht nur als schutzbedürftige Objekte verstanden, sondern als handelnde Subjekte, die an Entscheidungsprozessen zu beteiligen sind. Die rechtliche Gleichstellung von Kindern und Erwachsenen soll damit ermöglicht werden. Die Vertragsstaaten sind aufgerufen, über die Umsetzung in ihren Ländern durch regelmäßigen Austausch und Berichte zu informieren. Mit der Verpflichtung der Staaten, den Forderungen durch innerstaatliches Recht nachzukommen, könnten die Konventionen eine Rechtswirksamkeit erhalten, die sie momentan noch nicht haben.

- **Das Recht des Kindes auf eine gewaltfreie Erziehung**

Neben internationalen Bemühungen um die Umsetzung der Kinderrechte hat sich auch in Deutschland eine eigenständige Kinderrechtsdebatte etabliert. Ein Meilenstein zur Achtung der Würde von Kindern ist mit dem im Juli 2000 vom Deutschen Bundestag verabschiedeten Gesetz zum Verbot jeglicher Gewalt in der Erziehung gesetzt worden: „Kinder haben ein Recht auf gewaltfreie Erziehung. Körperliche Bestrafungen, seelische Verletzungen und andere entwürdigende Maßnahmen sind unzulässig." (§ 1631, II BGB) Das Gesetz bezieht sich nicht nur auf die Rechtswidrigkeit körperlicher Gewalt, sondern es erklärt alle Erziehungsmaßnahmen mit entwürdigendem Charakter für unzulässig. Damit wird von Seiten des Gesetzgebers ein eindeutiges Votum gegen jegliche Gewaltausübung zu Erziehungszwecken ausgesprochen. Eltern sollen damit eine klare Leitlinie erhalten, die verdeutlicht, dass nicht erst die körperliche Misshandlung von Kindern unzulässig ist, sondern alle Handlungen, die der Würde des Kindes widersprechen. Die Vermeidung psychischer Gewalt in Form von Entwürdigung, Demütigung, Missachtung und Unterdrückung elementarer kindlicher Bedürfnisse ist explizit in dem Gesetz enthalten; implizit geht es um den hohen Wert eines toleranten, respektvollen und vor allem gewaltfreien Umgangs zwischen Erwachsenen und Kindern. Die Absicht des Gesetzes ist eine Verminderung der Gewaltausübung in der Erziehung, nicht aber eine Kriminalisierung der Eltern über das Maß der bereits bestehenden gesetzlichen Regelungen hinaus. In familiären Konfliktlagen sollen nicht Strafverfolgung oder der Entzug der elterlichen Sorge als staatliche Interventionen im Vordergrund stehen, sondern der Ausbau von Hilfs- und Unterstützungsangeboten für betroffene Kinder, Jugendliche und Eltern. Der Gesetzgeber hat also den Weg gewählt, das Gesetz zum Recht des Kindes auf eine gewaltfreie Erziehung bei Übertretung nicht mit Strafandrohung gegenüber den Erziehungsberechtigten zu verbinden, sondern er setzt auf Information, Prävention und helfende Angebote in Krisen- und Konfliktsituationen.

Sollte diese Gesetzesänderung ein Zeichen setzen und wirksamen Erfolg in der Öffentlichkeit erzielen, dann waren flankierende Maßnahmen gefragt.

Eltern, Fachwelt und Bevölkerung mussten informiert, involviert und eingeladen werden, sich gegen die Anwendung von Gewalt in der Erziehung zu engagieren. Unter dem Motto „Mehr Respekt vor Kindern“ startete im September 2000 ein im Rahmen der Gesetzesreform vom Bundesministerium für Familie, Senioren, Frauen und Jugend initiiertes groß angelegtes Aktionsprogramm. Sein Ziel war es, Bewusstsein und Haltung weiter Teile der Bevölkerung nachhaltig zu verändern. „Die Kampagne ruht auf zwei Säulen: Zum einen geht es um Werbung und Öffentlichkeitsarbeit; zum anderen gibt es zahlreiche Einzelprojekte und Vor-Ort-Aktionen.“[32] Eine ähnlich angelegte Aktion, die zuvor in Schweden durchgeführt wurde, trug zu einer positiven Verhaltensänderung der Eltern bei. Ein Beispiel im Zusammenhang mit der Aktion: In Köln schlossen sich unter der Koordination des Amtes für Kinder, Jugend und Familie und des Deutschen Kinderschutzbundes ungefähr 70 Institutionen zum „Kölner Bündnis für eine gewaltfreie Erziehung“ zusammen und boten Elternkurse und Themenabende an. Im September 2010 konnte anlässlich des zehnten Jahrestages eine positive Bilanz gezogen werden. Mit einem inzwischen großen interdisziplinären Netzwerk für Familien, Elternbildungsangeboten und unterschiedlichen Konzepten „Früher Hilfen“ konnten viele Eltern sehr früh erreicht werden. Dadurch wird nicht nur Kindeswohlgefährdungen vorgebeugt, sondern auch eine höhere Erziehungssicherheit der Eltern erlangt. Einstimmig hat der Landtag von Nordrhein-Westfalen im Januar 2001 als zehntes Bundesland die Rechte von Kindern in der Verfassung verankert. Die Bundesministerin für Familie, Senioren, Frauen und Jugend, Kristina Schröder, hat im Dezember 2010 den Bundesministerien ein neues Bundeskinderschutzgesetz (BKiSchG) zur Abstimmung vorgelegt. Es soll am 1. Januar 2012 in Kraft treten. Das Gesetz baut auf zwei Säulen – Prävention und Intervention. Eltern, Kinderärzte, Hebammen bis hin zu Kindertageseinrichtungen, Schulen und dem Jugendamt oder Familiengericht – alle Akteure sollen zukünftig gestärkt werden, besser zum Wohl des Kindes zusammenwirken.[33]

2.4 Zur Bedeutung von Kompetenz- und Kontrollerfahrung

Als Erziehungskompetenzen wurden bisher sowohl angemessenes Interaktions- und Kommunikationsverhalten als auch die Wahrung der Rechte des Kindes beschrieben. Positive Selbstwerterfahrungen und Kontrollüberzeugungen der Eltern stellen weitere Elemente der Erziehungskompetenz dar und wirken sich auf die Selbstwerterfahrungen von Kindern positiv aus.

- **Elterliche Kompetenzerfahrung**

In kompetenzfördernden Familien verfügen Eltern über eine gute Überzeugung ihrer Selbstwirksamkeit. Sie sind davon überzeugt, dass sie durch angemessenes Handeln Situationen beeinflussen und verändern können. Der Selbstwert aller Familienmitglieder ist von daher hoch und die Kommunikation offen und direkt. Es gibt Regeln, die allen bekannt sind; diese sind flexibel und entsprechen den gegenwärtigen Bedürfnissen und Situationen. Der Kontakt nach außen ist durchlässig und von einer positiven Grundhaltung bestimmt.

Durch Dauerbelastungen, krisenhafte Ereignisse und spezielle Lebenssitu ationen kann sich die Selbstwerteinschätzung verändern, besonders dann, wenn sich die Möglichkeiten verringert haben, das Leben mitzugestalten. Wichtig ist dann, ob der Spielraum für alternative Gestaltungsmöglichkeiten erkannt und genutzt werden kann. Ein Mensch, der Erfahrungen mit seinen Fähigkeiten in vielfältiger Hinsicht gemacht hat, wird eher nach Einwirkungs- und Veränderungsmöglichkeiten oder Unterstützungen suchen als jemand, der auf wenige dieser Ressourcen zurückgreifen kann. Indem Menschen Vorstellungen darüber entwickeln, wie sie handeln bzw. Situationen verändern wollen, beginnen sie Überzeugungen davon zu bilden, wie sie diese Veränderung selbst bewirken können. Es zeigt sich besonders dann, wenn Schwierigkeiten und Konflikte auftreten, inwieweit das Vertrauen in die eigenen Fähigkeiten aufrechterhalten werden kann. Die Selbstwirksamkeitserwartung beeinflusst das Verhalten und die jeweilige Zielsetzung. Wird die Gewissheit eigener Handlungskompetenz in Krisen anfälliger, dann ist es wichtig, auf ein Netzwerk sozialer Beziehungen zurückgreifen zu können, vertraute Menschen zu haben, mit denen man sich austauschen kann, die unterstützen und helfen, wenn dies angebracht sein sollte. Elterncafés bieten durch die Möglichkeit des Austauschs mit anderen Eltern nicht zuletzt auch ein solches Netzwerk und helfen damit, die Handlungskompetenz von Eltern zu erhalten. Das ist vor allen Dingen für solche Eltern hilfreich, die nicht über ein (groß-)familiäres Netzwerk verfügen.

Bei vorwiegend entwicklungsförderndem Erziehungsverhalten ist der Erwachsene offen, entwicklungsfähig, selbstkritisch, zeigt Bereitschaft, sich auf neue Gegebenheiten einzulassen; er geht grundsätzlich von der Kompetenz des Kindes und seinen Ressourcen aus: Das Kind wird als Subjekt mit eigener Individualität gesehen. Der Erwachsene kennt seine Wertorientierung, setzt klare Grenzen, ist konsequent, hält sich an Vereinbarungen, ist liebevoll zugewandt, akzeptierend und wohlwollend. Diese Beziehungsfertigkeiten sind nicht ohne weiteres vorhanden, sondern müssen, wie alle Fertigkeiten, gelernt werden. Mit zunehmendem Wissen über die kindliche Entwicklung und mehr Erfahrungen im Umgang mit dem Kind kann sich die elterliche Überzeugung von der eigenen Erziehungskompetenz zu einem differenzierten System entwickeln.

Das setzt eine hohe Bereitschaft des Erwachsenen zur Selbstreflexion, Selbsterfahrung, Selbsterziehung voraus. Er zeigt sich als Person mit eigenen Grenzen und Gefühlen, versteckt sich nicht hinter einer Rolle oder einer Institution. Seine Autorität ist auf Sach- und Persönlichkeitsautorität begründet. Er hat durch seine Lebenserfahrung und Kompetenz einen Überhang an Orientierungsmitteln und Information, an denen er das Kind teilhaben lässt und die er klar und konsequent dann einsetzt, wenn es um Grenzverletzungen geht.

- **Kindliche Kompetenzerfahrung**

Hat ein Mensch sehr früh die Erfahrung gemacht, dass er Situationen nicht nur ausgeliefert ist, sondern Möglichkeiten hat, diese für sich zufriedenstellend zu verändern, lässt das als Grundannahme Vertrauen in die eigenen Bewältigungs- und Anpassungsleistungen zu. Demgegenüber lassen frühe

Erfahrungen von Hilflosigkeit und der Unmöglichkeit, belastende Lebensereignisse selbst zu steuern, eine eher resignierte Haltung des Ausgeliefertseins entstehen. Ob ein Kind erfolgreiche Kontroll- und Kompetenzerfahrungen sammelt, hängt somit weitgehend vom Interaktionsverhalten seiner Bezugspersonen ab. Wenn Mutter oder Vater die Signale ihres Kindes übersehen oder falsch interpretieren, kommt es zu Enttäuschungen und zu keinem gut ausbalancierten interaktivem Zusammenspiel. Je nach Temperament des Kindes reagiert es mit anfänglich erhöhtem Aktivitätsniveau, dann mit Rückzug oder Vermeidung. Die Interaktionssequenzen verkürzen sich und die Zeiten, in denen sich das Kind aus den Wechselbeziehungen zurückzieht, werden länger. Gehen jedoch die Bezugspersonen angemessen auf die Aktionen des Kindes ein, so verlängert sich das Interaktionsgeschehen. In diesem Zusammenspiel erlebt das Kind, wie es mit seinen Fähigkeiten das Umfeld steuern kann. Gefühle von Kompetenz und Selbstwert entwickeln sich in erster Linie durch soziale Definition, das heißt: Kinder tun etwas, schauen Vater oder Mutter an und versuchen, in deren Verhalten etwas über sich selbst zu lesen:

- Was spiegeln mir dein Gesicht, deine Körperhaltung und Mimik über mich wider?
- Was denkst du über mich, und was glaubst du, wie ich bin?

Diese Wahrnehmungen strukturieren sich zu einem Selbstwertgefühl. Fühlt sich das Kind hilflos den Strukturen, Menschen und Situationen ausgeliefert? Hat es im Laufe seiner Entwicklung hauptsächlich Selbstwert mindernde Botschaften bekommen und die Erfahrungen gemacht: „So wie ich bin, bin ich nicht in Ordnung und kann wenig bewirken“? Oder hat es erfahren, dass es gut ist, so zu sein, wie es ist? Fühlt es sich kompetent, kann es etwas bewirken, verändern und gestalten? Hat es Kontrollüberzeugung entwickelt?

Die Selbstwirksamkeitstheorie (self efficacy theory) stammt von Albert Bandura.[34] Er zeigt, wie in unterschiedlichen Bereichen menschlichen Handelns durch die positive Einschätzung der eigenen Wirksamkeit und persönlichen Handlungskompetenz das Individuum in seiner Lebenszu-

friedenheit, in seinen (Lebens-)Leistungen und in der Gestaltung seiner Beziehungsstrukturen positiv beeinflusst wird.
Zu den personalen Ressourcen eines Menschen gehören auch seine kognitiven Verarbeitungsfähigkeiten und seine physische Disposition. Aber nicht nur personale Ressourcen wie Selbstwert, Steuerungs- und Kontrollüberzeugung, Intelligenz und Handlungskompetenz bestimmen den Verlauf eines Entwicklungsprozesses. Die Qualität des Umfeldes und damit die sozialen Ressourcen entscheiden, inwieweit es zu einer Überforderung oder zu Anpassungs- und Steuerungsmöglichkeiten in konkreten Lebenssituationen kommen kann.
Das erste, wichtigste soziale Unterstützungssystem wird durch das Interaktions- und Pflegeverhalten der Bezugspersonen gegeben, das bei positivem Verlauf eine sichere Lebensbasis bietet und dem Aufbau von Lebenskompetenzen dient: ein emotional förderndes Sozialklima mit Achtung, Verständnis, Akzeptanz, Wertschätzung und Sympathie, liebevollen Beziehungen, Grenzen und Struktur; darüber hinaus konkrete instrumentelle Unterstützung wie Information, finanzielle Hilfen, Beratung, kontinuierliche Erfahrung der Zugehörigkeit innerhalb eines sozialen engeren und weiteren Netzes (Familie, Freunde, Schulklasse, Freizeitgruppe, Arbeitskollegen, aber auch nationale Zugehörigkeit).
Da sich Heranwachsende zunehmend an Freunden und Gleichaltrigen orientieren, werden diese Beziehungen im Laufe der Entwicklung immer wichtiger. Lebenswelten, wie die Gleichaltrigen- und Ausbildungsgruppe, bekommen neben der Familie eine immer größere Bedeutung. Diese Lebenswelten haben dann eine fördernde Funktion, wenn sie den Einzelnen in seinen bereits entwickelten Fähigkeiten unterstützen und durch neue soziale Aufgaben weitere wecken. Hierbei bieten Vernetzungssysteme wie z. B. auch Erziehungs- und Bildungspartnerschaften zwischen Elternhaus – Schule – Berufsfeld gute Voraussetzungen für eine förderliche Entwicklung.

3 Fünf Säulen der Erziehung „plus zwei"

Welche weiteren Faktoren *günstige* Bedingungen für ein entwicklungsförderndes Erziehungsverhalten darstellen, wurde im Rahmen eines Forschungsprojekts an der Fachhochschule Köln in Form von entwicklungsfördernden Erziehungsdimensionen beschrieben[35], die ich hier als „fünf Säulen der Erziehung" vorstellen möchte.

Sie basieren auf dem Recht des Kindes auf Achtung und dem Recht des Kindes auf eine gewaltfreie Erziehung und stellen eine Sichtung und Zusammenstellung eines alten Wissens über Erziehung dar, das sich an den ursprünglichen Entwicklungsbedürfnissen von Kindern und Jugendlichen orientiert. Stimmen von Vertretern aus der Geschichte der Pädagogik sollen bei der Darstellung der Dimensionen ebenso zu Wort kommen wie Vertreter empirischer Forschungen, soweit sie sich mit den Entwicklungsbedürfnissen von Kindern und dem Interaktionsverhalten zwischen Kindern und Erwachsenen befassen.

Eltern, die ihrem Kind *entwicklungsfördernde Unterstützung* geben und sich zuständig fühlen für die Aufgaben, die mit Erziehung und Beziehung verbunden sind, erfahren, wenn sie ihren Lebensentwurf mit dem des Kindes verbinden, Veränderungen in ihrem eigenen Leben. Mit diesen zu rechnen, sie zu akzeptieren, ja sie sogar als eigene Entwicklungsprozesse zu verstehen, gehört zu einer nicht unwesentlichen Aufgabe in der Interaktion mit Kindern. Dies halte ich für die Grundhaltung, die Basis, auf der die fünf Säulen einer entwicklungsfördernden Erziehung stehen (s. Abb. S. 46). Die Gegenpole zu den *„entwicklungsfördernden Dimensionen"* in der Erziehung stellen *„entwicklungshemmende Dimensionen"* dar. Diese basieren auf einer ambivalenten beziehungsweise ablehnenden Haltung dem Kind gegenüber, in der wesentliche Voraussetzungen für ein sicheres Bindungsverhalten nicht vorhanden sind. Aus dieser Grundhaltung heraus können unterschiedliche Verhaltensweisen entstehen, die sich in einem Zuviel oder Zuwenig von Liebe, Fürsorge, Achtung, Kontrolle, Struktur und Förderung zeigen. So stellt der Gegenpol zur Liebe und emotionalen Wärme nicht „Hass“ dar, sondern manifestiert sich in zwei Ausprägungen: emotionaler Kälte und emotionaler Hitze, einer Überfürsorge. Beide Formen stellen, ebenso wie alle anderen entwicklungshemmenden Säulen, physische oder psychische Gewaltakte dar.

Im Folgenden werden die Säulen der entwicklungsfördernden Faktoren beschrieben: Liebe, Respekt, Kooperation, Struktur und Förderung; der jeweils entwicklungshemmende Gegenpol wird ebenfalls kurz dargestellt. In

Abbildung: Sigrid Tschöpe-Scheffler

dem Kapitel über Liebe kommen die emotionale Kälte als ein Zuwenig an Liebe und die Überfürsorge als ein Zuviel an Fürsorge und als fehlgeleitete Liebe zur Sprache. Auch in dem Kapitel über die allseitige Förderung werden zwei Gegenpole präsentiert: mangelnde Förderung und Über-Förderung. Bewusst liegt der Schwerpunkt auf den *entwicklungsfördernden Aspekten*. Mir geht es nicht in erster Linie darum, erzieherisches Fehlverhalten aufzuzeigen, sondern darum, für bereits bestehende positive Elemente in der Erziehung zu sensibilisieren und zu ermutigen, die entwicklungsfördernden Aspekte weiter auszubauen und die entwicklungshemmenden zu minimieren.

3.1 Erste Säule: Liebe

Man kann davon ausgehen, dass da, wo erzogen wird und wo Menschen miteinander in Beziehungen treten, emotionale Bindungen entstehen. Im Zuge der Reformpädagogik, Anfang des 20. Jahrhunderts, hat Hermann Nohl den „pädagogischen Bezug“ in den Mittelpunkt seiner Pädagogik gerückt; er versteht darunter „... das leidenschaftliche Verhältnis eines reifen Menschen zu einem werdenden Menschen, und zwar um seiner selbst willen, dass er zu seinem Leben und zu seiner Form komme.“[36] An dieser Stelle soll auf eine für die pädagogische Beziehung lange Zeit umstrittene Dimension verwiesen werden, auf die sie ohne Selbstbeschädigung nicht verzichten kann: Es ist das „leidenschaftliche Verhältnis“, die emotionale Qualität einer Beziehung, das, was im Erzieherischen „persönlich und existentiell“ ist, wie es der Psychiater und Psychoanalytiker Ronald D. Laing formuliert hat.[37] In den weiteren Ausführungen möchte ich in Anlehnung an Johann Heinrich Pestalozzi diese pädagogische Qualität „sehende Liebe“ nennen. „Liebevolle Zuwendung“ liegt dann vor, wenn sich der Erwachsene dem Kind zuwendet, ihm reine Aufmerksamkeit zuteil werden lässt und es in einer wohlwollenden Atmosphäre anhört und wahrnimmt. Dazu gehört, dem Kind echte Anteilnahme an seinen Problemen zu zeigen. Der emotionale Aspekt in dieser Dimension kann sich durch

Körperkontakt, Lächeln, eine zugewandte Haltung, Blickkontakt und Trost äußern. Gefühle werden gezeigt und sind zärtlich, innig, fürsorglich, mitleidend, mitsorgend, herzlich, gütig, einfühlsam. Der Erwachsene überschreitet nicht die Grenzen des Kindes, dringt nicht in persönliche Bereiche ein, fordert keinen Körperkontakt ein, es kommt zu keiner „fürsorglichen Belagerung". Ein Schlüsselbegriff, der in diesem Zusammenhang eingeführt werden soll, ist die „wahrnehmende Liebe"; er steht im Gegensatz zu einer vereinnahmenden, blinden, überfürsorglichen Liebe. Der Begriff geht auf Johann Heinrich Pestalozzi zurück, der von der Mutter „denkende Liebe"[38] fordert. Die Liebe, das Thema in Pestalozzis Leben und seiner Pädagogik, war und wird immer eine Grundkategorie menschlichen Lebens bleiben; darin liegt die zeit- und generationenübergreifende Aktualität seines Werkes. Seine Erkenntnis, dass Liebe als eine menschliche Grundkategorie für die Entwicklung notwendigerweise darauf angewiesen ist, dass ein Gegenüber, eine zuerst liebende Person vorhanden sein muss, damit die Liebe im Kind gebildet werden kann, gehört zu Pestalozzis pädagogischem Erbe, das zeitlos ist. Seine philosophischen und pädagogischen Konsequenzen machen deutlich, dass nicht „blinde Liebe", sondern die „sehende, wahrnehmende Liebe" ein unverzichtbarer Bestandteil der Erziehung ist und dass es gerade in einer instrumentalisierten Welt immer wieder neuer „Versuche der Liebe" bedarf. Trotz aller Enttäuschungen und Erschütterungen bleibt die Sehnsucht nach Liebe im Menschen erhalten. Da sich Liebe aber nicht instrumentalisieren lässt, kann es pädagogisch nur darum gehen, „die Vorbedingungen dafür herzustellen, in die Bewegung der Liebe hineinzugeraten".[39] Die Aspekte des „Sehens" und „Denkens" in der Liebe sind „... wahrlich nicht aus Büchern, sondern aus tatsächlicher Beobachtung"[40] zu lernen. Im Gegensatz zur instinktiven, animalischen, sinnlichen Liebe, die spontan ist, wird durch die Elemente des Wahrnehmens, der Ruhe, der Beobachtung, des Verstandes, der Erfahrung und Selbsterziehung die Liebe zur menschlich reifen, sehenden Liebe ausgebildet. Die instinktive Liebe wird dargestellt als ein Gefühl, für das man nicht verantwortlich ist, das einen mitreißt, wohin man selbst nicht will. Eine solche Liebe enthält bestimmte Gefahren für die Beziehung zwischen Mutter und Kind und die Entwicklung des Kindes, die zum Beispiel in einer überstarken Bindung (Symbiose), einer Überbehütung (overprotection) oder einer Fixierung zu sehen sind, dasselbe gilt für jedes andere pädagogische Verhältnis. Die tiefenpsychologische Forschung hat hundert Jahre nach Pestalozzi die Überfürsorge als entwicklungshemmenden Faktor für die Entwicklung des Kindes herausgestellt. Pestalozzi rät der Mutter, die instinktiv-animalische Form der Liebe, die das Kind in Abhängigkeit hält und es an der eigenen Entwicklung hindert, zu „veredeln". Das geschieht nicht zuletzt durch rationale Vorgänge, indem die Mutter darüber nachzudenken hat, ob ihre Handlungen dem Kind auch wirklich nutzen: „Hier nun wird es notwendig sein, dass die Mutter innehält, um sich selbst zu prüfen."[41] Die instinktive Liebe ist auf die eigene momentane Befriedigung aus, während das Wahrnehmende in der Liebe als Korrektiv das Wohlergehen und die Interessen des anderen im Blick hat. Diese Form der Liebe verändert das Gefühl für das, was notwendig ist, und führt hin zu den Bedürfnissen des anderen.

Pestalozzi schenkt darüber hinaus dem Ablöseprozess des Kindes von der Mutter große Beachtung, weil dieser die Selbsttätigkeit des Kindes unterstützen hilft. Mit dem Beginn der körperlichen Unabhängigkeit, dargestellt in den ersten Gehversuchen, beginnt beim Kind die stufenweise Lösung von der Mutter: „Der Zeitpunkt, an dem ein Kind zum ersten Mal ohne Beistand zu gehen beginnt, ist wirklich höchst bedeutsam in der Geschichte seiner Erziehung. Es ist offensichtlich, dass es damit den wichtigsten Schritt in der Richtung zu seiner körperlichen Selbstständigkeit tut."[42] Es ist Pestalozzi ein großes Anliegen, die Mutter auf diesen Prozess vorzubereiten, indem er ihr rät, schon vorher über ihre Beziehung zum Kind nachzudenken und darüber, wie sie der Versuchung entgehen kann, das Kind für ihre eigene Bedürftigkeit zu missbrauchen. Noch bevor die tiefenpsychologische Forschung auf die Gefahren einer zu engen Mutterbindung für die Persönlichkeitsentwicklung hingewiesen hat, sah Pestalozzi einen Zusammenhang zwischen der Angst der Mutter um ihr Kind und dessen Erfahrungsmangel in körperlicher, sittlicher und psychischer Hinsicht. Darum weist er die Mutter darauf hin, sich auf die Ablösung des Kindes vorzubereiten: „Aber eine denkende Mutter wird nicht warten, bis diese Betrachtungen durch die Notwendigkeit einer Trennung, die nicht länger aufgeschoben werden kann, hervorgerufen werden, sie wird frühzeitig die Gelegenheit wahrnehmen, über die Art und die Dauer ihrer Beziehung zum Kind nachzudenken. Und weit davon entfernt, unangenehme oder sogar schmerzliche Gefühle zu erregen, können solche Gedanken sie befähigen, nicht nur zu einer richtigen, sondern auch zu einer befriedigenden Auffassung dieser Dinge zu gelangen."[43]

Nachdem die Liebe der Mutter im ersten Jahr für das Kind Kraft und Hilfe war, muss sie nun zurücktreten, damit die Eigenkraft des Kindes durch den Gebrauch von Körper, Geist und Gefühl geübt und gestärkt werden kann. Das geht nach Pestalozzi nur in Form der Selbsterkenntnis, in der die Mutter ihre instinktive Liebe zu einer denkenden und sehenden Liebe weiterentwickelt. Mit der Geburt geschieht die körperliche Trennung zwischen Mutter und Kind, der die Erfahrung und Akzeptanz der Einmaligkeit des Lebens dieses Säuglings folgen sollte. Diese Akzeptanz könnte die Vorwegnahme der ständig zunehmenden Individuation und Loslösung des Kindes sein. Auch Hermann Nohl verweist darauf, dass jedes pädagogische Verhältnis auf seine Ablösung und nicht auf seine Verlängerung angelegt ist und dass es Aufgabe der Erzieher sei, diese Ablösung einzuleiten.

Wahrnehmende Liebe, so können wir von Pestalozzi lernen, setzt auf die Möglichkeiten des anderen Menschen, nicht auf unseren Entwurf von ihm: sich überraschen lassen, aus dem anderen Menschen dessen noch nicht gelebte Möglichkeiten herauslieben, mit immer neuen Möglichkeiten beim anderen und bei sich selbst rechnen, eigene Entwürfe (Alltagskonzepte) verändern. Das bedeutet: beobachten und (sinnlich) wahrnehmen, handeln und geschehen lassen, planen und mit dem Geheimnisvollen rechnen, festhalten und loslassen.

Das, was Pestalozzi für die mütterliche Liebe beschrieben hat, kann auf jede Form der Interaktion zwischen männlichen und weiblichen Bezugspersonen und ihren Kindern übertragen werden. Und er gibt noch einen weiteren, wie mir scheint, wichtigen Hinweis für den Umgang mit der Liebe: Obwohl Liebe grundsätzlich nicht vorausgesetzt werden kann und nicht methodisierbar ist, beschreibt Pestalozzi, wie es dennoch sowohl für das Kind als auch für die Mutter möglich ist, in die Bewegung der Liebe hineinzugeraten. In der Schrift „Wie Gertrud ihre Kinder lehrt" stellt Pestalozzi den Zusammenhang der physischen und psychischen Versorgung des Kindes mit der Entwicklung der Liebesfähigkeit sehr klar heraus: „... das Kind pflegen, nähren, es sicherstellen und es erfreuen."[44] Diese Form der „allseitigen Besorgung" kann die emotionale Wärme entwickeln helfen. Die Art und Qualität des physischen und psychischen Versorgtwerdens bildet eine Basisqualifikation für das elementare Verhältnis des Kindes zur Welt und zu seinen Mitmenschen. Es entscheidet sich bereits in den ersten Lebensjahren, ob sich Hoffnung und Vertrauen in die Welt und damit die Grundlage für Sympathie und Liebe entwickeln oder ob Abwehr, Ablehnung und Misstrauen aufgrund mangelnder Bedürfnisbefriedigung und unzureichender Interaktion entstehen. Nonverbales Verhalten und Artikulationen des Säuglings lassen viele Interpretationsmöglichkeiten zu; so geschieht es auch bei sensiblen und einfühlsamen Eltern, dass das Kind nicht immer das erhält, was es gerade jetzt benötigt. Es stellen sich Frustrationen und Enttäuschungen ein, die zu einem Urmisstrauen führen. Je häufiger das Kind die Erfahrung macht, dass das, was es braucht, auch kommt, desto eher wird es in der Lage sein, seine momentanen Frustrationen auszuhalten. So kann sich nach und nach eine Frustrationstoleranz entwickeln. Dies ist aber nur dann gewährleistet, wenn „... das Individuum ein Übergewicht seines Urvertrauens über sein Urmisstrauen erreicht."[45] Erik H. Erikson sieht das als eine Hauptentwicklungsaufgabe des Kindes im ersten Lebensjahr an, bei dem die Bezugspersonen das Kind durch kontinuierliche Pflege, Versorgung und Interaktion zu unterstützen haben. Nicht die physische Versorgung allein ist dabei die entscheidende Grunderfahrung des Säuglings, sondern die emotionale Qualität der Versorgung spielt die wesentliche Rolle. „Hier bildet sich die Grundlage des Identitätsgefühls, das später zu dem komplexen Gefühl wird, ‚in Ordnung zu sein', man selbst zu sein ...".[46]

Der Säugling ist zwar aufgrund seiner motorischen Hilflosigkeit nicht in der Lage, für seine Bedürfnisbefriedigung selbst zu sorgen, aber er ist vom ersten Tag an im Rahmen seiner Möglichkeiten ein aktiver Interaktionspartner. Dabei agiert er in sehr differenzierter Weise: Er schenkt der Mutter sein erstes Lächeln, streckt ihr die Arme entgegen, dreht ihr den Kopf zu, stößt Gutturallaute aus, um seine Bezugspersonen zu begrüßen. Die neuere Säuglings- und Kleinkindforschung zeigt, was empathische Eltern längst selbst schon bemerkt haben, nämlich dass das Neugeborene die Außenwelt nicht nur wahrnehmen kann, sondern auch wahrnehmen will. Reize werden aufgesucht und verarbeitet. In der aktiven Präsenz des Säuglings bezieht sich ein Subjekt auf ein anderes. Das setzt voraus, dass der Säugling in irgendeiner Form „erkannt" haben muss, dass er eine von der Umwelt und den anderen Personen abgegrenzte Einheit, ein Selbst ist, das sich zu anderen verhält, agiert und reagiert. Zugleich aber müssen sich die Bezugspersonen auf diesen Dialog einstellen, die verschiedenen Sprachen des Kindes durch Mimik, Gestik und Laute aufgreifen und sie adäquat beantworten. Geschieht dies aus mangelnder Anteilnahme oder Empathieunfähigkeit der Eltern nicht, kann die Interaktion zwischen Erwachsenem und Kind entgleisen. Dies führt zu gravierenden Entwicklungskonflikten, die auf das Identitätsgefühl des Kindes großen Einfluss haben. Die Grundmelodie des Lebens heißt dann nicht mehr: „Ich bin in Ordnung", sondern Verlassenheitsängste und das Gefühl, nicht gewollt oder nicht richtig zu sein, prägen das Lebensgefühl.

Der Säugling verfügt über genügend Möglichkeiten, auf das interaktive Geschehen mit den Eltern und sogar zwischen ihnen einzuwirken. Er macht sich verbal und nonverbal bemerkbar, um sich an Interaktionen zu beteiligen. Letztendlich jedoch liegt es an den Erwachsenen, inwieweit seine Interaktionen Erfolg haben. Die Bindungstheorie, wie sie von John Bowlby[47] entwickelt wurde, baut auf der Erkenntnis auf, dass der Mensch als soziales Wesen danach strebt, in Krisensituationen mittels Weinen, Rufen, Suchen oder Anklammern bei einem reiferen vertrauten Menschen Schutz zu suchen. Dieses Verhalten, Bindungsverhalten genannt, löst meist bei der Bezugsperson Fürsorglichkeit, Pflegehandlungen oder Körperkontakt und Trost aus. Schon Pestalozzi wies darauf hin, dass sich aus der „allseitigen Umsorgung" durch die Mutter im Laufe der Zeit Liebe und

Zuneigung, eine Bindung zu dem Kind entwickeln kann. Die Auswirkungen mütterlicher Sensibilität und Kooperation mit dem Säugling im ersten Lebensjahr wurden von mehreren Forschern in der sogenannten „Fremden Situation“ überprüft. „Die Fremde Situation ist ein standardisiertes Minidrama zur Erfassung des Bindungsverhaltensmusters eines Kleinkindes. Sie wird in einem mit Spielzeug attraktiv ausgestatteten, aber für das ungefähr 12 Monate alte Kind und seine Bindungsperson fremden Raum durchgeführt. Durch die Fremdheit und zusätzliche, kurzfristige Trennung wird das Bindungssystem des Kindes, das heißt sein Streben nach Schutz, aktiviert. Es wird beobachtet und geprüft, auf welche Weise das Kind bei der Bindungsperson Beruhigung sucht. … Dabei können zunächst drei Grundmuster unterschieden werden: Eine sichere Bindung hat folgende Merkmale: Die Kinder zeigen offen ihren Kummer über die Trennung. Sie suchen Nähe bei der Wiedervereinigung, beruhigen sich schnell und nehmen das unterbrochene Erkunden wieder auf. Kinder, die kein Trennungsleid erkennen lassen, die sich gegenüber der zurückkehrenden Bindungsperson „vermeidend“ verhalten und sich stattdessen dem Spielzeug zuwenden, werden als unsicher-vermeidend klassifiziert. … Ein drittes Bindungsmuster ist die unsicher-ambivalente Verhaltensstrategie. Solche Kinder suchen ab wechselnd Nähe, weisen sie aber gleichzeitig zurück. Sie finden so keine Beruhigung durch den Kontakt mit der Bindungsperson. Diese Bindungsmuster charakterisieren kleinkindliche Verhaltensstrategien im Umgang mit Trennungsstress und Fremdheit beziehungsweise Belastung. Die Grundorientierung der sicheren Strategie ist es, bei der Bindungsperson Entspannung zu finden, um dann wieder spielen zu können.“[48] Je nach Qualität dieser „allseitigen Umsorgung“ können sich unterschiedliche Arten des Bindungsverhaltens beim Säugling aufbauen, die Konsequenzen für die weitere Persönlichkeitsentwicklung haben.

Nur durch authentische Anteilnahme an der Existenz des Kindes, durch Teilhabe an seinem Leben, in Achtung vor seiner Individualität kann eine sichere Bindung wachsen, die dem Kind persönlichen Freiraum mit einer eigenen Individualität zugesteht.

Eine den anderen freigebende Liebe mutet Eltern und ErzieherInnen viel zu. Die Zumutung besteht vor allem darin, dass sie ihre Angst um das Kind erkennen und ertragen müssen, um das Kind in sein eigenes Sein loszulassen. Der Gedanke an die Gefahren, denen das Kind ausgesetzt sein könnte, und die Angst vor der Ablösung des Kindes können Eltern und ErzieherInnen zu einengenden Beziehungen veranlassen. Wenn die Furcht um das Leben des Kindes größer ist als die Freude über sein lebendiges Sein, dann wird Angst um das Kind und nicht die wahrnehmende und begleitende Liebe die Beziehung zwischen Eltern und Kind prägen. Nur durch eigene Erfahrungen von Leiden und Freuden kann das Kind zu seiner individuellen Existenz finden. Angst vor dem Leben ist ebenso ansteckend wie ein Vertrauen in das Leben – eine Liebe zum Leben, zum Lebendig-Sein-Dürfen.

Wahrnehmende Liebe zeichnet sich, ebenso wie Achtung und Respekt des Kindes, durch sorgfältige Beobachtung aus und legt sich damit den Verzicht auf vorschnelle Eingriffe in das Leben des Kindes auf. Es gehört mit zu der schwersten Aufgabe im Erziehungsprozess, eigene Neigungen und Wünsche, Entwürfe und Vorstellungen vom Kind und dessen Leben zurückzustellen zugunsten der Achtung vor seiner individuellen Persönlichkeit.

Sind Beobachtung und Einfühlung in die Welt des Kindes ein Bestandteil der Liebe zu ihm, dann nehmen Erwachsene auch wahr, dass Kinder sich gegen Einengung, Nähebedürfnisse der Eltern und Überbehütung zu wehren wissen. Nonverbal oder verbal bringt das Kind zum Ausdruck, dass es anderer Meinung ist und die Fürsorge oder Angst des Erwachsenen sein Tun behindern.

- Sind Eltern wegen der Zurückweisung beleidigt?
- Fühlen sie sich nicht mehr gebraucht und abgelehnt?
- Halten sie das Kind für undankbar?

Oder:

- Schaffen sie es, die Zurückweisung als einen wichtigen Entwicklungsschritt zur Autonomie des Kindes zu akzeptieren und es für seine eigenen Lernerfahrungen loszulassen?

Erst durch die Selbstreflexion eigener Gefühle kann eine egoistische, besitzergreifende Liebe zu einer wahrnehmenden Liebe werden, in der die Achtung des anderen in seinem Anderssein ein Teil dieser Liebe geworden ist. Dies ist nicht ohne den Selbsterziehungsprozess der Erwachsenen möglich. Gegenpole zu einer wahrnehmenden Liebe sind einerseits emotionale Kälte oder andererseits Überfürsorge und Überbehütung. Unterbehütung, emotionale Kälte, bedeutet, dass ein Mangel an Fürsorge, Schutz, emotionaler Stützung, Nähe und Verantwortung dem Kind gegenüber besteht. Der Erwachsene lehnt das Kind offen ab, ignoriert es und zeigt Desinteresse an seiner Person und seinem Verhalten. Er zeigt ein abweisendes, kühles Verhalten und distanziert sich von den Belangen des Kindes. Er ist wenig anteilnehmend und vermeidet Körperkontakt. Bedürfnisse des Kindes werden weder gesehen noch befriedigt. Das Kind wird physisch, psychisch und/oder sozial vernachlässigt. Auch werden dem Kind häufig zu wenig Orientierungshilfen geboten. Unterbehütung geht oft mit Missachtung und Ablehnung des Kindes einher. Sie kann durch die Hilflosigkeit eines Elternteils hervorgerufen werden. In diesem Fall beruht die Unterbehütung auf einem bedürftig-abhängigen Kommunikationsstil eines Elternteils. Hierbei wird dem Kind signalisiert, dass es stark und kompetent sein muss, und von ihm verlangt, diesen Elternteil zu unterstützen und zu beschützen. Der Elternteil vermittelt dem Kind, dass er auf es angewiesen ist, es allein nicht schaffen wird und der Welt nicht gewachsen ist. Durch direkte und verdeckte Appelle wird das Kind darauf hingewiesen, dass es für die Eltern sorgen muss und verantwortlich ist. Die Bedürfnisse des Kindes nach Schutz und Fürsorge sowie nach Spiel und Freiheit kommen dabei zu kurz. Das Kind wird von den Eltern zur Erfüllung ihrer eigenen Fürsorgebedürfnisse oder zur Erledigung ihrer Erwachsenenaufgaben eingesetzt und durch diese Anforderungen überfordert. Häufig wird es auch durch das Erzeugen von Schuldgefühlen manipulativ in die Rolle des Helfers und Beschützers gedrängt: Eltern betonen beispielsweise ihre Schwäche und Hilflosigkeit und werfen dem Kind Egoismus vor, wenn es nicht wie gewünscht hilft. Eine typische Situation, in der es zu Unterbehütung kommt, ist die Abhängigkeit eines Elternteils von Drogen oder Alkohol, denn süch-

tige Menschen agieren in der Familie oft schwach-hilflos. Das Kind muss Rollen übernehmen, denen der Elternteil auf Grund seiner Bedürftigkeit nicht gewachsen ist, wie zum Beispiel die Rolle des Familienoberhaupts, in der es die Haushaltsführung oder die Betreuung von Geschwistern auferlegt bekommt. Kinder von Abhängigen müssen sehr schnell „erwachsen" werden, da sie sich selbst überlassen sind und oft noch die Sorge für den abhängigen Elternteil zu übernehmen haben.[49]
Kinder sind von dieser Abhängigkeit in irgendeiner Weise betroffen, viele durch die Verantwortung, die sie ersatzweise in der Familie übernehmen müssen. Eng verbunden mit der Bedürftigkeit und Abhängigkeit der Eltern ist das Schuldgefühl des Kindes, wenn es den gestellten Aufgaben nicht gewachsen ist oder glaubt, für die Lage der Eltern mitverantwortlich zu sein.
Eine weitere Situation, in der Kinder mit dieser Form der psychischen Gewalt konfrontiert werden, ist die psychische Erkrankung eines Elternteils. Auch hier wird häufig von dem Kind die Übernahme von übermäßig viel Verantwortung und Sorge verlangt, umgekehrt sind Schutz, Fürsorge und Verantwortung der Eltern für das Kind vermindert. Auch die Abwesenheit eines Elternteils kann als psychische Gewalt gegenüber Kindern definiert werden. Hier geht es um die nicht vorhandene emotionale Verfügbarkeit von Vater oder Mutter, wobei die Person physisch durchaus anwesend sein kann, jedoch als Bezugsperson nicht zur Verfügung steht. Für das Kind bedeutet dies eine emotionale Vernachlässigung und unter Umständen sogar eine Isolation in der eigenen Familie, wenn nicht eine ausgleichende Bezugsperson kompensierend einwirkt. Dem Kind wird keine Orientierung geboten, und es wird emotional allein gelassen. Auch die ständige oder häufige Ablehnung des Kindes durch die Eltern ist psychische Gewalt, denn dem Kind wird die lebensnotwendige emotionale Wärme vorenthalten, auf die es gerade von Seiten der Eltern her, die ja meistens seine engsten Bezugspersonen darstellen, angewiesen ist. Ein Kind muss sich als Person, als unverwechselbares Individuum „gemocht" und wertgeschätzt fühlen, doch dies ermöglichen ablehnende Erwachsene gerade nicht. Ihr Verhalten dem Kind gegenüber ist durch einen sich distanzierenden Stil und Miss-

achtung geprägt. Der distanzierende Kommunikationsstil sorgt dafür, dass das Kind in einem „gebührenden“ Abstand gehalten wird. Dies geschieht mit unterschiedlichen Methoden. Beispielsweise kann die Distanz durch Unterlassung von Körperkontakten und durch räumliche Trennung – „Das Kind gehört in sein Kinderzimmer“ – hergestellt werden. In der Kommunikation werden Sachverhalte und Fakten in den Vordergrund gestellt. Dem Kind wird auf der Beziehungsebene signalisiert, dass es viel zu anhänglich und emotional sei und dass es den Eltern nicht zu „nahe“ kommen solle.[50] Das Kind erfährt durch die Eltern keine Geborgenheit. Kombiniert mit Missachtung wird dem Kind vermittelt, dass die Eltern sich distanziert verhalten, weil es als Person nicht liebenswert sei. Jede Ablehnung und Zurückweisung, die von einer geliebten Person ausgeht, ist schmerzlich. Sie kann das Kind in den verschiedensten Situationen und Entwicklungsstufen treffen. Beispielsweise können Eltern ihrem Säugling die benötigte Zuwendung und Anteilnahme geben, jedoch auf ihr „trotziges“ Kleinkind mit massiver Ablehnung reagieren. In diesem Fall können sie ein bestimmtes Verhalten ihres Kindes nicht akzeptieren. Ablehnung als psychische Gewalt beinhaltet jedoch nicht nur die Ablehnung eines Verhaltens, sondern der ganzen Person. Es findet keine Trennung der Verhaltensebene und der Person des Kindes statt. Somit wird dem Kind vermittelt: „Du bist nicht o. k.“ anstatt „Dein Verhalten ist nicht o. k.“[51] Dies hat Auswirkungen auf das Selbstkonzept des Kindes: „Das Selbstkonzept einer Person wird ebenso wie die Selbstachtung wesentlich bestimmt durch die Art, wie andere Menschen die Person wahrnehmen und behandeln.“[52] Wenn Eltern ihr Kind ablehnen, spürt dies das Kind, und es wird diese Ablehnung in sein Selbstkonzept integrieren. Ein ungünstiges Selbstkonzept des Kindes hat auch negative Auswirkungen auf sein Verhalten.

Die Ablehnung des Kindes ist ein grundsätzlicher interpersonaler Konflikt, der beispielsweise auch darauf beruhen kann, dass die materiellen, zeitlichen, emotionalen Mittel, die dem Elternteil zur Verfügung stehen, gerade für den Einzelnen genügen, nicht aber auch noch für ein Kind. Die Existenz des Kindes steht der Lebensgestaltung im Weg. Der Konflikt lautet in diesem Fall: „Es gibt zu wenig Ressourcen“, er muss nicht unbedingt hei-

ßen: „Ich mag mein Kind nicht." Viele Kinder trifft die Ablehnung im Erziehungsalltag nicht andauernd, sondern wie zuvor erwähnt in einzelnen Entwicklungsstufen oder Konfliktsituationen, mit denen die Eltern überfordert sind. Besonders gefährdet sind Kinder, die sich in einer Entwicklungsphase befinden, in der es zu gehäuften Konflikten mit den Eltern kommt, wie zum Beispiel in der Pubertät oder im sogenannten Trotzalter, den zentralen Phasen der Entwicklung der Ich-Identität.
Ein Zuviel von Schutz und Fürsorge stellt die Überbehütung, die emotionale „Überhitzung", dar. Auch dieses Verhalten ist zu den entwicklungshemmenden Faktoren im Erziehungsprozess zu zählen. Beide Formen stellen den Gegenpol zu der entwicklungsfördernden Haltung einer „wahrnehmenden, achtenden Liebe" dar.
Das Selbstkonzept eines Menschen bestimmt dessen Verhalten. Einerseits wird dieses Selbstkonzept durch die Eltern und ihre Kommunikation mit dem Kind geprägt, andererseits spielt die Selbsterfahrung des Kindes in bestimmten Situationen seiner Lebensbewältigung eine wichtige Rolle. Durch Überbehütung wird dem Kind in vielen Situationen, die es eigentlich selbst bewältigen müsste, die Möglichkeit dazu genommen. So werden ihm viele Chancen vorenthalten, sich selbst als kompetente Persönlichkeit in anspruchsvollen Situationen zu erleben und zu entwickeln. Zusätzlich vermitteln die Eltern dem Kind durch Beziehungsbotschaften, kein Vertrauen in seine Fähigkeiten zu haben: „Das ist gefährlich. Ich mache das. Ich helfe dir ..." Dadurch unterstreichen sie seine Hilfsbedürftigkeit auch in Situationen, die das Kind allein meistern könnte. Der Handlungsraum des Kindes wird überwacht und eingeschränkt, seine Autonomie stark behindert, und es hat somit nicht die Gelegenheit, eigene Kräfte und Fähigkeiten zu entdecken. Überbehütung ist auch eine Form der psychischen Gewalt, kann aber aus dem an sich ehrbaren Motiv resultieren, dem Kind Schutz und Fürsorge bieten zu wollen. Das Problem ist hier eine fehlende Offenheit der Eltern für die Bedürfnisse und die Entwicklungsnotwendigkeiten ihres Kindes. Was gestern noch Schutz war, kann morgen bereits Überbehütung sein und das Kind in seiner weiteren Entwicklung stören. Der überbehütende Erwachsene fordert Liebe und Körperkontakt ein. Er

„gebraucht“ – beziehungsweise missbraucht – das Kind für seine eigene emotionale Befriedigung. Er hat Angst um das Kind und lässt ihm wenig Freiraum für dessen eigene Lebensgestaltung. Unter dem Motto „Ich will ja nur dein Bestes“ werden Verhaltensweisen eingefordert, deren Nichteinhaltung das Gewissen des Kindes belastet, weil es die Mutter oder den Vater persönlich kränkt. Die Fürsorge ist einengend, die Bindung überstark; der Erwachsene überschreitet emotionale Grenzen des Kindes.

Oft beruht Überbehütung aber nicht nur auf den Ambitionen der Eltern, Schutz, Fürsorge und Hilfe bieten zu wollen. Vielmehr ist ihre Interaktion mit dem Kind durch Kommunikationsstile geprägt, die sich in eine beweisende und eine kontrollierend-bestimmende Strömung unterscheiden lassen. Die Tendenz, sich und anderen beweisen zu müssen, wie gut man als Mutter oder Vater ist, beruht auf dem Streben der Eltern, fehlerlos zu sein. Dadurch, dass Eltern ihrem Kind wenig eigene Handlungsfreiheit lassen und dessen Probleme und Aufgaben unter dem Deckmantel der Hilfe lösen, können sie sich selbst und auch der Allgemeinheit zeigen, wie kompetent sie selbst sind. Überbehütung entsteht in diesem Fall durch den Druck der Eltern, die beweisen wollen, wie fürsorglich sie sind. Die Beziehungsbotschaft an das Kind lautet hier: „Ich traue dir nicht zu, dass du das allein kannst! Ich allein weiß, was für dich richtig ist und welchen Weg du zu gehen hast.“ Dem Kind werden nicht nur die überall lauernden Gefahren verdeutlicht, sondern auch die eigene Unfähigkeit sowie das mangelnde Vertrauen der Eltern in seine Fähigkeiten vorgehalten.

Überbehütung kann von Eltern auch eingesetzt werden, um das Kind an sich zu binden. Ein Kind, das nicht die Möglichkeit hat, eigene Autonomie zu entwickeln, wird von der Hilfe der Eltern in hohem Maße abhängig bleiben. Im Erziehungsalltag äußert sich Überbehütung zum Beispiel im Verbot der Ausübung altersgemäßer Tätigkeiten des Kindes wie Fahrrad zu fahren, allein draußen zu spielen oder bestimmten Sportarten nachzugehen, weil diese angeblich zu gefährlich seien. Jugendliche dürfen abends nicht weggehen oder werden von den Eltern überall sicherheitshalber abgeholt. Diese häusliche Überbehütung bringt für das Kind unter Umständen neben der Handlungseinschränkung noch eine soziale Isolierung mit sich,

da es häufig nicht an Spielen, Sportarten oder Vergnügungen der anderen teilnehmen kann. Zu Hause werden dem Kind viele Aufgaben, wie etwa das Zimmer aufzuräumen und im Haushalt zu helfen, abgenommen. Oft zeigen überbehütende Eltern auch zu wenig Respekt vor der Privatsphäre des Kindes. Um ihr Kind rechtzeitig schützen zu können, greifen sie in Situationen ein, die sie nichts angehen; sie verfolgen zum Beispiel Telefongespräche, lesen Tagebücher, öffnen die Post oder durchwühlen private Schubladen. Dies hängt eng mit der elterlichen (Verlust-)Angst zusammen, dass ihr Kind zu schnell selbstständig werden könnte.
Eine Auswirkung der Überbehütung ist auf jeden Fall die Einschränkung des Kindes in seiner Handlungskompetenz und seiner Selbstwirksamkeitsüberzeugung.[53]

3.2 Zweite Säule: Achtung und Respekt

Ein Repräsentant der Pädagogik des ausgehenden 19. und beginnenden 20. Jahrhunderts wird in diesem Kapitel besonderen Raum einnehmen: Janusz Korczak (1878–1942), polnischer Arzt und Pädagoge, Waisenhausvater und Schriftsteller. Seine Anthropologie und seine radikale Haltung der Achtung der kindlichen Persönlichkeit waren erkenntnisleitend für unsere Zusammenstellung der entwicklungshemmenden und entwicklungsfördernden Dimensionen des Erziehungsverhaltens, insbesondere aber für die Dimension der Achtung. Janusz Korczak entwickelte keine neue Methode im Umgang mit Kindern und auch kein konkretes didaktisches Konzept, das schnelle Lösungen bereithielte. Seine „Pädagogik der Achtung"[54] setzt einen langen, manchmal auch schmerzvollen Selbsterkenntnisprozess voraus, der dazu führen kann, die eigene Einstellung gegenüber dem Kind grundlegend zu revidieren. Sie führt zu neuen Fragen und positiven Irritationen.
Janusz Korczak als „Vater" der Kinderrechte und einer „Pädagogik der Achtung" war lange Zeit weniger als Pädagoge bekannt denn als der Mann, der 1942 zusammen mit 200 Waisenkindern und vielen Mitarbeiterinnen und

Mitarbeitern den letzten Weg durch die Straßen des Warschauer Ghettos antrat – ein Marsch, der ihn und seine Kinder nach Treblinka in die Gaskammern führte. Korczak, der mehrfach von wohlmeinenden Freunden Ausreisemöglichkeiten angeboten bekommen hatte, begleitete seine Kinder freiwillig in den Tod. Von diesem Ende her wird seine Haltung zum Kind, begleitend, liebend und achtend, deutlich. Diese anthropologische Grundeinstellung des Begleitens und Anteilnehmens zieht sich durch sein Leben und Werk.

Janusz Korczak wird als Henryk Goldszmit am 22. Juli 1878 geboren, sein Vater ist ein Warschauer Anwalt und assimilierter polnischer Jude. Der unter Depressionen leidende Vater stirbt, als Henryk 17 Jahre alt ist. Nach dessen Tode muss der Junge für sich, seine Schwester und seine Mutter sorgen, da sich der Vater aufgrund einer Spielleidenschaft verschuldet hatte. So erlebt Henryk Goldszmit sozialen Abstieg und Entbehrungen und muss durch Nachhilfestunden und Gelegenheitsarbeiten zum Unterhalt der Familie beitragen.

Mit diesen Erfahrungen sowohl von Wohlstand als auch von Armut setzt er sich später in seinen Romanen „Kinder der Straße“ (1901) und „Kind des Salons“ (1904) auseinander.[55] Der kleine Henryk wächst, wie er später selber schreibt, als „Salonkind“ auf, zwischen Plüschsofas und Orientteppichen, behütet von Mutter, Großmutter und französischen Gouvernanten. Er beschreibt eine Kindheit, in der früh die Sehnsucht geweckt wurde, das eigentliche Leben kennen zu lernen: das Leben der „Straßenkinder“, die draußen herumtollen durften und im Gegensatz zu ihm Abenteuer erleben und Erfahrungen machen konnten. 1904 beendet Korczak sein Medizinstudium und übernimmt eine Arbeit in einem Kinderkrankenhaus in Warschau. Auf dem Weg, ein bekannter Modearzt zu werden, gibt er diese Karriere auf und übernimmt 1911 das nach seinen Entwürfen errichtete Waisenhaus Dom Sierot, dem er 30 Jahre als Waisenhausvater vorsteht und mit dessen Kindern er 1940 ins Warschauer Ghetto umziehen muss. Dort leben Mitarbeiter und Kinder eingeengt unter unbeschreiblichen Bedingungen, bis die Nazis am 22. Juli 1942 mit der Massentötung der Bevölkerung des Warschauer Ghettos beginnen. Am 5. August 1942 ist auch das

Waisenhaus an der Reihe; Korczak, die Mitarbeiter und Mitarbeiterinnen und die Kinder des Waisenhauses werden in das Vernichtungslager Treblinka verschleppt.

Neben der Leitung des Waisenhauses war Korczak unentwegt damit beschäftigt, seine Erfahrungen zu reflektieren. In seiner Tetralogie „Wie liebt man ein Kind" (1918) und in der Schrift „Das Recht des Kindes auf Achtung" (1928) stellt er in erzählender Form seine durch Erfahrung und liebenden Einsatz gewonnenen Einsichten für einen besseren Umgang von Erwachsenen und Kindern miteinander vor. Seine Pädagogik enthält weder ein geschlossenes Theoriesystem noch methodische Verhaltensvorschläge oder pädagogische Rezepte. „Korczak war frei von der sogenannten Wissenschaftssprache und von Modevokabular; wohltuend in einer Zeit ‚banaler Phrase' und kalter intellektualisierter Jargonpädagogik."[56] Dass Korczak sich den Dichtern und Schriftstellern mehr verpflichtet fühlte als den Rednern aus der pädagogischen Fakultät, wird beim Lesen seiner Werke deutlich. In der Auseinandersetzung mit seinen Texten kommen existenzielle Momente zur Sprache. Sensibilisierung und Korrektur eigener Erfahrungen werden möglich, Leserinnen und Leser werden bewegt und gelangen zu neuen Sichtweisen und Ein-Sichten.

Mit dem Wert, den Korczak der persönlichen Erfahrung beimisst, treten auch die Wertschätzung und die Forderung einer radikalen Achtung der individuellen Erfahrung und des Geheimnisses des je Einzelnen in den Mittelpunkt seines Denkens und Handelns. Die Kinderbücher „König Hänschen" und „König Hänschen auf der einsamen Insel" wurden von vielen Kindern gelesen. 1972 wurde Janusz Korczak posthum mit dem Friedenspreis des Deutschen Buchhandels ausgezeichnet, seit dieser Zeit ist auch die pädagogische Forschung in Deutschland intensiviert worden.

Wollen wir Korczak verstehen, so müssen wir das traditionelle hierarchische Erzieher-Zögling-Verhältnis verlassen. Es geht bei ihm um Theorie und Praxis des gelebten Lebens, in dem Erziehung zu einem dialogischen Verhältnis wird.

„Oh, ich liebkose diese Kinder mit meinem Blick, dem Gedanken, der Frage: Wer seid ihr, wunderbares Geheimnis, und was tragt ihr in euch?"[57]

Dieses Zitat vermittelt einen ersten Eindruck von Korczaks Annäherung an das Kind. Zum einen wird spürbar, wie Korczak sich als Fragender und Suchender dem Kind nähert und damit rechnet, dass es sich entzieht, geheimnisvoll, unplanbar und unkontrollierbar bleibt. Zum anderen betreibt der Arzt und Naturwissenschaftler Korczak exakte Forschung: Er legt Wiegekurven an, schreibt seine Beobachtungen auf, vergleicht und zieht Schlussfolgerungen. In einer solchen „Pädagogik der Achtung" steckt eine außergewöhnliche Herausforderung für die Erzieherin oder den Erzieher als Person, da der Mensch hinter der professionellen Rolle gefragt ist und Pädagogik und Persönlichkeit nicht zu trennen sind.

„Wir müssen lehren, leiten, einweisen, unterdrücken, zügeln, aufrichten, warnen, vorbeugen, aufzwingen und bekämpfen"[58], bemerkt Janusz Korczak, indem er das von ihm beobachtete Erzieherverhalten seiner Zeit kritisch beschreibt. Durch den Glauben an die unbegrenzte Möglichkeit der Erziehung erblindet das innere Auge zunehmend für alles Nichtmechanische, Unvorhersagbare, Unkontrollierbare, Geheimnisvolle im menschlichen Sein, auf das Korczak in seinen Werken immer wieder den Blick lenkt. Diese Haltung bewahrt ihn im Umgang mit dem Kind vor autoritären Eingriffen und idealtypischen Erziehungsvorstellungen, durch die das Kind als Subjekt weder wahrgenommen noch geachtet wird. „Sein Konzept war die Offenheit des Lebens"[59].

Korczak verlangt eine dialogische Struktur, in der das Recht auf Achtung oberste Priorität hat. „Ich fordere die Magna Charta Libertatis, als ein Grundgesetz für das Kind. Vielleicht gibt es noch weitere – aber ich habe diese drei Grundrechte herausgefunden:

a) Das Recht des Kindes auf den Tod.
b) Das Recht des Kindes auf den heutigen Tag.
c) Das Recht des Kindes, das zu sein, was es ist."[60]

Diese Rechte sollen das Kind vor dem Zugriff der Erwachsenen durch Wissenschaft, Psychologisierung, Pädagogisierung, Scheinliebe und Leistungsanforderungen schützen. Die Radikalität seiner Forderungen wird meines Erachtens besonders durch das erste Grundrecht deutlich. Indem er ein Recht des Kindes auf den eigenen Tod fordert, stellt er das eigene Leben mit seinen Wagnissen und Risiken in die Eigenverantwortung des Kindes. Auf den ersten Blick befremdlich und nicht so schnell nachvollziehbar, meint Korczak damit unter anderem, dass Erwachsene Kindern durch ihre Ängste und (Über-)Fürsorge wesentliche Erfahrungs- und Lebensmöglichkeiten nehmen. Dem Erwachsenen mutet er damit zu, Ängste um das Leben des Kindes und eigene Vorstellungen von dem geraden, gefahrlosen Weg in eine glückliche Zukunft des Kindes genau zu überprüfen und – falls nötig – zugunsten neuer Einstellungen zu revidieren. Damit werden die vielfältigen kindlichen Erfahrungsmöglichkeiten geachtet. Das Kind durch Rechte zu schützen, bedeutet für Korczak in erster Linie, die Erfahrungen des Kindes und damit sein Anderssein, seine Individualität und sein Kindsein zu schützen. Als Anwalt der Kinder lebt er mit ihnen und entwickelt demokratische Formen von Kinderbeteiligung und Selbstverwaltung. So gibt es in seinen Waisenhäusern Kindergerichte, eine Kinderzeitung und Selbstverwaltungsgremien.

Übertragen wir Korczaks Haltung der Achtung auf konkretes, entwicklungsförderndes Verhalten im Erziehungsalltag, dann wendet sich der Erwachsene dem Kind in voller Aufmerksamkeit zu. Er erkennt an, dass das Kind anders ist als er selbst, und akzeptiert auch die ihm fremden Anteile. Die Grundhaltung des Erwachsenen ist geprägt von hoher Wertschätzung gegenüber der kindlichen Individualität. Er traut dem Kind eigene Wege zu, und er hält es für fähig, selbst Lösungen für sein Wollen und Streben zu finden. Im Vordergrund steht der Respekt vor dem „Eigen-Sinn“ des Kindes. Auch für den Erwachsenen schwierige und fremde Persönlichkeitsanteile des Kindes werden anerkannt und geachtet als zur Person zugehörig. Wenn Erziehung zu einem dialogischen Prozess gleichrangiger InteraktionspartnerInnen werden soll, dann bedeutet dies, dass man, wie Korczak, der individuellen Erfahrung des Kindes einen hohen Wert beimisst. Nur eine solche Sichtweise ermöglicht es, den Dreischritt von Beobachten – Beachten – Achten zu vollziehen. Das gängige System von oben nach unten wird von Korczak durchbrochen und in ein symmetrisches Beziehungsgefüge gestellt. Der Mensch wird bei Korczak nicht zum Erziehungsobjekt degradiert, sondern als Subjekt, als eigenständiges Wesen in seiner Einmaligkeit ernstgenommen.

Korczak sieht im Kind einen vollwertigen Interaktionspartner, dessen einzigartige Individualität und dessen Andersartigkeit gewahrt, geschützt, geachtet werden müssen. „Wann wird jener Moment der Freimütigkeit eintreten, da das Leben der Erwachsenen und das der Kinder gleichwertig nebeneinander stehen werden?“[61]

Achtung bedeutet für Korczak, den Kindern ihren eigenen Weg zuzutrauen und auch zuzumuten; auch wenn es der „allerschlimmste Weg“ wäre, so ist er doch für diesen Menschen der einzig richtige, weil er sein eigener ist: „Wohin soll ich euch führen? Zu großen Ideen, bedeutsamen Taten? Oder soll ich euch nur zur Erfüllung unerläßlicher Pflichten anleiten, ohne die euch die Gesellschaft ausschließt; damit ihr eure Würde bewahren könnt? Habe ich das Recht, für das bißchen Ernährung und Obhut während weniger Jahre etwas zu fordern, zu befehlen, zu wollen? Vielleicht ist für jeden von euch der eigene Weg, auch wenn er scheinbar der schlechteste ist, der einzig richtige?“[62]

Den Gegenpol zur Achtung stellt die Missachtung dar. Auch hierzu hat Korczak seine Beobachtungen niedergeschrieben: „Die ganze moderne Erziehung ist bestrebt, ein bequemes Kind heranzubilden; konsequent, Schritt für Schritt, trachtet sie danach, alles einzuschläfern, zu unterdrücken, zu zerstören, was im Kind Wille und Freiheit, Seelenstärke und Unternehmungsgeist ausmacht. Brav, gehorsam, gutwillig, bequem, aber ohne einen Gedanken daran, dass es innerlich willenlos und lebensuntüchtig sein wird.“[63] Er beobachtet, wie durch Erziehung und durch die Pädagogisierung des kindlichen Lebensraumes den Kindern Erfahrungsmöglichkeiten und individuelles Sein genommen werden. Ihre reiche Gefühlswelt wird auf „erwünschte Gefühle“ reduziert. Ihre spontanen Willensäußerungen, ihre aktive Suche nach Beteiligung und Sinnorientierung, nach Einssein mit allem Lebendigen werden auf „erwünschtes Verhalten“ zurechtgestutzt. Missachtung im Erziehungsalltag beruht darauf, dass das Kind nicht als Partner mit eigenen Bedürfnissen und Rechten – vor allem nicht dem Recht auf Achtung – gesehen wird. Es gibt verschiedene Richtungen der

Missachtung; alle beruhen gleichsam darauf, dass der Erziehende seine Machtposition insofern ausnutzt, als er seine Interessen in den Vordergrund stellt und durchsetzt, aber den Bedürfnissen des Kindes keine ausreichende Be*achtung* schenkt. Missachtung ist die Grundform jeglicher Gewalt, sie wird hier als eine eigene Form psychischer Gewalt im Erziehungsalltag definiert. Bei ihr ist die Interaktion zwischen dem Kind und der Bezugsperson überwiegend durch einen aggressiv-entwertenden, oft in Kombination mit einem bestimmend-kontrollierenden Kommunikationsstil geprägt. Das Kind wird durch den Erwachsenen dominiert und erfährt, dass eigenes Denken und Tun nicht geschätzt werden. Es wird vor anderen bloßgestellt. Der Erwachsene beschimpft es, wenn es seinen Vorstellungen nicht entspricht. Diese Form der Missachtung ist ein Kennzeichen der autoritären Erziehung. Dem Kind wird von oben herab seine Unterlegenheit und Unfähigkeit demonstriert. Die Grundpose des aggressiv-entwertenden Stils ist beschuldigend und herabsetzend. Typische Ausprägungen dieses Kommunikationsstils in der Erziehung sind ironische Kommentare, Demütigungen, Maßregelungen, Abwertungen und Verachtung. Durch die Fremdbestimmung des Erwachsenen erfährt sich das Kind als minderwertig. Die aggressiven und negativen Mitteilungen werden häufig mit „Du"-Botschaften vermittelt: „Du bist schuld, dumm, hinterhältig! Stell dich nicht immer so blöd an!" Der Schlüsselbegriff lautet: „Ich bin o. k. – du bist nicht o. k.!" Dem Kind wird die Grunderfahrung von positiver und gleichberechtigter Koexistenz vorenthalten. Es besteht keine Reversibilität. In einem Internetforum für Kinder beschreibt ein Schüler diese Situation der Irreversibilität sehr eindrücklich:

„Protest von Jan:

Ich finde es gemein, dass Lehrer immer alles machen und sagen dürfen und Kinder nicht. Lehrer dürfen im Deutschunterricht ihren Kaffee schlürfen, Kinder nicht einmal ein Hustenbonbon lutschen. Lehrer beleidigen gerne Kinder, aber wehe dem, der etwas gegen Lehrer sagt. Schüler müssen ihre Hausaufgaben nach einem Tag vorzeigen können, Lehrer haben drei Wochen die Tests auf dem Schreibtisch liegen und verlieren regelmäßig zwei. Lehrer verpetzen ‚böse' Schüler in der nächsten Pause im Lehrerzimmer,

aber selber lernt man, man dürfe nicht petzen. Lehrer bestimmen alles: wie es gemacht wird, wann es gemacht wird und wo es gemacht wird. Kinder dürfen es dann tun, während Lehrer dastehen und meckern, was alles noch nicht gut genug ist. Lehrer sind dick und tragen Brillen, und man muss Respekt vor ihnen haben. Kinder sind dick und haben Brillen und werden auch vom Lehrer gehänselt. Mit Lehrern muss man nachsichtig sein, doch wenn ein Kind ein Wort falsch ausspricht, lacht der Lehrer los. Lehrer lassen Kinder ihre Taschen tragen, aber ich will nicht wissen, wer den Lehrer schon mal gefragt hat, ob er nicht den Sturzhelm tragen würde."[64]
Nach Anne-Marie und Reinhard Tausch äußern sich „Missachtung – Kälte – Härte" in „Demütigungen, Beleidigungen, abwertenden Urteilen, absichtlichem Ignorieren, harter, kalter Stimme, strafendem Ansehen, Belächeln von Fehlern, resignierendem Achselzucken bei Versagen, verächtlichem Lachen, keine Sorge und Hilfe für den anderen, deutlichem Misstrauen gegenüber dem anderen und seinen Fähigkeiten und Möglichkeiten, in entmutigenden, zynischen oder verletzenden Bemerkungen direkt zu einer Person oder über sie im Gespräch mit anderen."[65] Das Kind wird geringschätzig behandelt, wenn Eltern ihr wütendes oder ängstliches Kind auslachen oder wenn die Meinungen, Ansichten und Gedanken des Kindes als bedeutungslos zur Seite geschoben werden.

3.3 Dritte Säule: Kooperation

Nur wenn es uns gelingt, eine Grundlage für respektvolle, wechselseitige Verständigung mit Kindern zu finden, eröffnet sich uns der Blick in die Welt und Wirklichkeit des Kindes.
Die Struktur unserer Lebensform sieht leider häufig die Teilung in eine ‚Erwachsenenwelt' und eine, wiederum vom Erwachsenen vorgegebene, ‚Kinderwelt' vor. Somit hängt es in erster Linie vom Ermessen, Wohlwollen oder Gutdünken des Erziehers ab, inwieweit er das Kind an seinem Leben teilnehmen lässt, ob er es aus seinem Lebensraum ausgrenzt, ihm Sonderwelten zuweist und diese *für* das Kind oder *mit ihm* gestaltet.

Je mehr das Kind aus dem gesellschaftlichen Leben der Erwachsenen ausgegliedert und ihm eine eigene Sphäre zugedacht wird, umso vielfältiger und umfassender müssen vermittelbare Bildungsinhalte eingesetzt werden, die als ‚Eingliederungshilfe' in die somit fremde Erwachsenenwelt nötig werden. Je weiter der Lebensbereich des Erwachsenen vom Lebensbereich des Kindes entfernt ist, desto mehr wird dieser zur „pädagogischen Provinz".

Klaus Mollenhauer bezeichnet einen so gestalteten Vorgang der Bildung als einen Prozess von außen nach innen und hält ihn dort für sinnvoll, wo „in vorgegebene Sinnhorizonte eingefädelt wird – in Sozialstruktur, in Beziehungsgruppen, in Kultur und Lebenswelten".[66]

Erziehung von außen nach innen wird also zunehmend da notwendig, wo gemeinsame Erfahrungsbereiche von Erwachsenen und Kindern fehlen. Neben der Bildung von außen gibt es auch eine Bewegung, die als von innen nach außen zu charakterisieren wäre und die wir vermehrt in der Pädagogik Janusz Korczaks finden. Wenn sich die gesellschaftliche Welt des Erwachsenen und die des Kindes überschneiden, sind weniger methodisierte zielorientierte Erziehungsimpulse nötig, weil sich durch vielfältige gemeinsame „Umgangssituationen" gemeinsame Erfahrungen ergeben und dadurch für Kinder und Erwachsene mehr emotionales, kognitives und soziales Lernen möglich wird.

Im Mittelpunkt dieser entwicklungsfördernden Dimension stehen Interaktionsverhalten, Gespräche und Erklärungen, wechselseitiges Verstehen und „Um-Verständnis-Ringen". Zwar spielen die Akzeptanz der eigenen Meinung des Kindes, Achtung und Respekt ebenso eine Rolle wie die emotionale Zugewandtheit, aber der Fokus liegt hier auf dem partnerschaftlichen Umgang miteinander. Erwachsene vertreten ihren eigenen Standpunkt und hören sich die Meinung des Kindes an. Das Kind wird in Entscheidungen einbezogen, es geht um Teilhabe und Teilnahme, um Verantwortung und Begleitung so lange, bis das Kind eigenständig die Aufgabe lösen kann. Individuelle Vielfalt, Vorschläge, Fantasie, Aktivität, Beteiligung und Mitbeteiligung sind erwünscht. Freiheitliches, kooperatives, demokratisches Miteinander geschieht in einer akzeptierenden Atmosphäre. Bei

Grenzverletzungen werden Entschuldigungen ausgesprochen und akzeptiert, der Gesprächston bezieht den anderen Menschen mit ein.
Korczak hebt im Umgang mit seinen Heimkindern die intentionale pädagogische Sphäre dadurch auf, dass Erwachsene und Kinder miteinander leben, arbeiten, Entscheidungen treffen, im Kinderparlament und Kindergericht eine gleichberechtigte Stimme erhalten, gemeinsam eine Kinderzeitung, die „Pädagogische Rundschau", entwickeln. Erfahrung als Selbst- und Welterfahrung geschieht dort, wo sich Menschen in lebendigen Umgangssituationen miteinander verbunden fühlen, wo sie miteinander lieben, lachen, spielen, arbeiten, wo sie fröhlich, aber auch traurig, wütend und ängstlich sein dürfen. In alltäglichen Lebenssituationen ist jeder Mensch immer wieder von anderen umgeben; erst in der Fülle menschlicher Lebensäußerungen wird das individuell Konkrete möglich, da das Ausrichten des eigenen Denkens, Tuns und Fühlens im Spiegel der anderen erfahren wird. Die Gestaltung gemeinsamer Lebensbereiche von Kindern und Erwachsenen, in denen die Erwachsenen einen Teil ihrer Zeit mit Kindern verbringen, ist von daher eine wesentliche Voraussetzung für partnerschaftliches Miteinander und Kooperation. Dies könnte zu einem wechselseitigen Lernen in gemeinsamen, lebendigen Umgangssituationen werden.
Mit dem Vorrang des gemeinsam gelebten Lebens und der je eigenen Erfahrung nimmt Korczak in zweifacher Hinsicht eine interessante Akzentuierung vor: Er gibt den lebendigen, menschlichen Umgangssituationen, die immer wieder neue Erfahrungen im Hier und Jetzt ermöglichen, Vorrang vor der intentionalen, der zielorientierten Erziehung; und er entlarvt die Vorstellung von der Menschwerdung des Kindes durch vorwiegend intentionale Erziehung als Omnipotenzwahn des Erwachsenen und stellt diesem eine dialogische Einstellung zum Leben und zum Kind gegenüber.
Wolfgang Brezinka wies darauf hin, dass nicht einheitlich von einem Erziehungsbegriff gesprochen werden kann. Er unterscheidet einen „Handlungsbegriff und einen Geschehensbegriff von Erziehung".[67] Einerseits sind unter Erziehung „Handlungen zu verstehen, die in der Absicht erfolgen, in anderen Menschen gemäß für sie gesetzten Normen (Sollensforderungen, Idealen, Zielen) psychische Dispositionen hervorzubringen, zu fördern, zu

ändern, abzubauen oder zu erhalten."[68] Andererseits ist es eine allgemein anerkannte Tatsache, dass die Persönlichkeit durch unübersehbar viele soziale Prozesse, bei denen keine Förderungsabsicht vorliegt, verändert wird. Der „Geschehensbegriff der Erziehung" wird der neueren Pädagogik zugeordnet und wird vor allen Dingen dort Anwendung finden, wo Erwachsene und Kinder Zeit und Raum miteinander teilen und Kinder durch Vorbilder, Nachahmung, Versuch und Irrtum und eigene Erfahrungen lernen können. Je mehr gemeinsame Lebensbereiche vorhanden sind, desto eher wird im beiläufigen Tun, im kooperativen Prozess gelernt. Jegliche Pädagogisierung in Form von Belehrung, Darstellung und Annahme eines einzig Richtigen, von Zurechtweisung und Abnahme von Verantwortung, in der sich ein einseitiger Handlungsbegriff der Erziehung äußert, führt zu einer Infantilisierung des Kindes und damit zu einer Missachtung der kindlichen Persönlichkeit.
Auch Korczak hat die Gefahr der Pädagogisierung erkannt und vor den Psychologen und Pädagogen gewarnt, die der intentionalen Erziehung einen zu hohen Stellenwert einräumen: „Ich werde ein nachsichtiges Lächeln oder eine Grimasse des Missbehagens hervorrufen, wenn ich sage, dass ebenso würdig ein zweibändiges Buch über Waschen und Wäscherinnen wäre wie über Psychoanalyse, dass die Küche und eine Suppe mehr Intelligenz und Initiative erfordern als ein bakteriologisches Labor und ein Mikroskop. Und ich würde gerade einen Säugling lieber einer rechtschaffenen Kinderfrau anvertrauen als einer Charlotte Bühler."[69] (Charlotte Bühler war eine bekannte Kinderpsychologin.) – Korczak misstraute der einseitigen intentionalen Erziehung: „Nnnein, nein – und nein! Ich glaube nicht an den Wert einer sorgfältigen Erziehung, ich glaube nicht an die Bedeutung der pädagogischen Grundsätze – ich glaube an nichts."[70]
In natürlichen Umgangssituationen, in der Familie, der Kindergruppe, gibt es viele Möglichkeiten wahrzunehmen, teilzunehmen, nachzuahmen und auszuprobieren. Eine Umgewichtung zugunsten des Umgangsaspekts in der Erziehung wird dort sozusagen als Antithese nötig, wo einseitig intentionale Erziehung mit bestimmten Vorstellungen und einem Erziehungsoptimismus vertreten und gelebt werden.

Bei der funktionalen Erziehung handelt es sich um eine Vielfalt von (Erziehungs-)Einflüssen und um eine hohe Komplexität unterschiedlicher Faktoren, während in der intentionalen Beziehung die absichtsvolle Einflussnahme im Mittelpunkt steht.

Von daher bedarf es des pädagogischen Taktes oder einer professionellen Abstinenz, um zu prüfen, was in der jeweiligen Situation angemessen ist, des Taktes, der wegsehen und loslassen kann, der Probleme sich selbst überlassen kann und doch einzugreifen den Mut hat, wenn es notwendig ist. Dieses Taktgefühl, von Johann Friedrich Herbart als der unmittelbare Regent der Praxis bezeichnet, beschreibt die Fähigkeit zu situationsadäquatem, angemessenem Handeln. Es handelt sich um ein Taktgefühl, das sich in der Praxis entwickelt und in einem komplexen Wechselspiel von theoretischer Reflexion, wiederholter Erfahrung und Einübung entsteht. Der Gegenpol zu einem kooperativen Miteinander wäre dirigistisches Verhalten des Erwachsenen gegenüber dem Kind, der sich in einem bestimmend-kontrollierenden Kommunikationsstil der Eltern zeigt. Ihr Hauptziel liegt darin, das Kind zu ändern, zu formen und zu kontrollieren. Es werden deutliche Appelle mit Verhaltensregeln und -korrekturen an das Kind geäußert. Reinhard und Anne-Marie Tausch bezeichnen diesen Kommunikationsstil als Dirigierung/Lenkung. Sie weisen darauf hin, dass ein hohes Maß an Dirigierung/Lenkung „das Lernen von Selbstbestimmung, Selbstverantwortung, sozialer Ordnung sowie sozial verantwortlichem Gebrauch der persönlichen Freiheit“[71] stark einschränkt.

Der Erwachsene bestimmt durch seine Verhaltensvorgaben, was das Kind wie, wann und wo zu tun hat. Auch hier liegt eine Einschränkung der kindlichen Autonomie zugrunde, die sich durch Kontrolle, Liebesentzug und Verbote äußert. Die Meinung des Erwachsenen wird höher bewertet als die Meinung des Kindes. Eine maximale Lenkung durch den Erwachsenen lässt dem Kind für Eigentätigkeit wenig Spielraum. Argumente von Kindern werden weder gehört noch aufgegriffen. Das Kind wird nicht als eigenständiger Mensch akzeptiert, sondern erst durch Erziehung zu einem Menschen „gemacht“. Es liegt ein hohes Maß an Einschränkung von Verantwortung vor, weil dem Kind wenig zugetraut wird. Fehler des Kindes werden selten akzeptiert und häufig bestraft, die Kinder werden kontrolliert und gegängelt, Schläge werden angedroht, und es kommt immer wieder zu gewaltsamen Handlungen. Durch die Fremdbestimmung erlebt sich das Kind als unfähig und inkompetent. Von Erwachsenen geplante Unternehmungen werden auch gegen den Widerstand des Kindes durchgeführt, weil sie „gut" für das Kind sind. Was „gut" ist, bestimmt der Erwachsene.

3.4 Vierte Säule: Struktur, Verbindlichkeit und Grenzsetzung

Jeder Lernprozess, auch der, in dem es um Verbindlichkeit und Grenzen geht, muss sinnvollerweise in liebevolle Beziehungen, Vertrauen, emotionale Wärme und Verbundenheit mit denjenigen eingebettet sein, welche die Grenzen setzen. Auch wenn im Allgemeinen heute wieder Übereinstimmung darüber besteht, dass Kinder Grenzen, Strukturen und Verbindlichkeiten benötigen, besteht doch eine Meinungsvielfalt darüber, wie das konkret umzusetzen sei. Halten es die einen für entscheidend, den Kindern genau zu erklären, warum etwas notwendig erscheint, vertreten andere die Meinung, dass gerade in den ersten Lebensjahren vor allen Dingen die Gewöhnung an Disziplin im Vordergrund stehen solle und die gesetzten Grenzen auf jeden Fall einzuhalten seien, auch ohne Erklärungen und Begründungen.

Ihren überlieferten Höhepunkt hatten die Debatten darüber in den 60er Jahren, als Mütter sich nicht mehr an die strengen und starren Regeln zur Ernährung und Sauberkeitserziehung ihrer Säuglinge und Kleinkinder halten wollten und zu den von Kinderärzten und Psychologen empfohlenen Vorgehensweisen übergingen, die ermutigten, die Kinder genauer wahrzunehmen und auf deren individuelle Bedürfnisse zu reagieren. Auch heute noch stehen diese Grundfragen nach dem „Wie" im Mittelpunkt vieler Diskussionen mit Eltern und Erzieherinnen. Eine Möglichkeit, diese Fragen zu klären, könnte im Verstehen des Lernverhaltens von Säuglingen und Kleinkindern liegen. T. Berry Brazelton und Stanley I. Greenspan, die an der George-Washington-Universität ein Modell für die Beobachtung und Behandlung von Säuglingen und Kindern mit Entwicklungsstörungen und emotionalen Problemen entwickelten, halten Disziplin und Struktur nach der Liebe für das zweitwichtigste Erziehungselement, das einem Kind für dessen gesunde Entwicklung mitgegeben werden sollte. Sie beschreiben das Lernverhalten von Kleinkindern folgendermaßen: „Grenzen und Strukturen müssen auf Zuwendung und Fürsorge aufbauen, denn mit dem Wunsch des Kindes, den Menschen, die es liebt, Freude zu bereiten, ist die Aufgabe, ihm die Internalisierung von Grenzen zu ermöglichen, bereits zu 90 % gelöst. Kinder suchen die Zustimmung ihrer Bezugspersonen aus verschiedenen Gründen: Weil sie diese Menschen lieben und von ihnen anerkannt und respektiert werden möchten oder weil sie sich vor deren Missbilligung fürchten. Selbstverständlich sind Angst und das Bedürfnis zu gefallen, häufig gleichzeitig im Spiel. Kinder lernen auch, indem sie sich die Menschen ihrer Umgebung zum Vorbild nehmen. Moral erwächst aus dem Versuch, so zu werden wie ein bewunderter Erwachsener."[72]

Auch für den Pädagogen Johann Heinrich Pestalozzi sind Grenzen nur dann angebracht, wenn sie aus der Liebe heraus entstehen. Pestalozzi unterscheidet zwischen Vater- und Mutterstrafen und den Schullehrerstrafen. Erstere können dann sinnvoll sein, wenn Liebe überwiege und somit jede Strafe, auch eine ungerechte, wieder relativiert werden könne. Den Schullehrerstrafen – dabei denkt er an herkömmliche Lehrer seiner Zeit, die meist aus Militärberufen kamen und ein entsprechendes autoritäres Erziehungsverhalten an den Tag legten – hingegen fehle ein Fundament des Vertrauens; sie erregten Starrsinn und keineswegs die gewünschte Einsicht. Zur Strafe gehören für Pestalozzi aber gerade die Einsicht des Grundes und das rasche Verzeihen. Er schreibt aus Stans, wo er mit vernachlässigten und verwahrlosten Kindern, Opfern des Krieges, zusammenlebte: „Keine meiner Strafen erregte Starrsinn; ach, sie freuten sich, wenn ich ihnen einen Augenblick darauf die Hand bot, und sie wieder küßte."[73] „Ich that aber auch alles, sie in allem, was ihre Aufmerksamkeit rege machen, oder ihre Leidenschaften reitzen konnte, deutlich, klar einsehen zu machen, warum ich handle, wie ich handle."[74]

Grenzen zu setzen, bedeutete für Pestalozzi nicht vorrangig, Kinder für ihr unangemessenes Verhalten zu bestrafen oder sie in eine sie überfordernde Struktur hineinzupressen. Bei zu hohen Normerwartungen und überhöhten Ansprüchen ist das Kind überfordert; dies kann entweder eine starre Internalisierung von Normen oder eine Auflehnung gegen sie bedingen. Stattdessen sollte Kindern ermöglicht werden, Regeln und Grenzen im sozialen Umgang miteinander anzuerkennen, zu verstehen und sie zu erlernen. Das kann durch Einsicht, Gewöhnung an Regeln oder Rituale oder durch Einübung geschehen, und zwar im günstigsten Fall in einer Atmosphäre liebevoller Zugewandtheit. Die vorerst heteronomen Verhaltensvorgaben und Strukturen werden im Laufe der Entwicklung zu einem autonomen inneren Wertesystem des Kindes. Ausgehen kann man dabei von dem Wunsch des Kindes nach Anerkennung und Zugehörigkeit. Das Kind, dem Erfahrungen fehlen, ist darauf angewiesen, dass ein verlässliches und liebendes Du als kontinuierlicher Weltvermittler auftritt, um mit ihm die Welt zu deuten und ihm Orientierungen zu geben. Dazu gehören auch Wert- und Normvermittlung. Normen schreiben den Rahmen für die gebilligten und erwünschten Verhaltensweisen in einer Gesellschaft vor, und sie bestimmen das soziale Handeln des Individuums, strukturieren und regeln den Umgang miteinander. In der Begegnung mit der Welt und mit den anderen erwachen Staunen, Fragen, Erfolge, Misserfolge; das Kind erfährt Liebe und Hass, Trauer, Freude und Angst, und es erfährt Grenzen – seine eigenen und die der anderen. So findet es sich in Strukturen vor, zu denen es sich verhalten muss. Täglich neu gewonnene Erfahrungen können in den eigenen sich bildenden Lebenszusammenhang eingeordnet werden; es bilden sich Typisierungen, Muster, Abgrenzungs- und Zugehörigkeitskategorien. Erst im Bild der anderen kann sich die eigene Identität entwickeln. Das Kind entwickelt sich zu einem „definierten Ich innerhalb einer sozialen Realität"[75], was Erik Erikson mit „Ich-Identität" bezeichnet. Hierbei ist es zwingend notwendig, dass der Erwachsene dem Kind durch Regelklarheit und eine Alltagsstruktur beim Aufbau seiner Ich-Identität hilft. Das heißt konkret, dass dem Kind die Regeln des Zusammenlebens bekannt und einsichtig gemacht werden und dass ihr Nichteinhalten er-

wartbare Konsequenzen hat, die mit der Sache zu tun haben, sich also auf das Verhalten des Kindes beziehen und es nicht als Person entwürdigen. Auch die Person des Erwachsenen ist für das Kind klar: Der Erwachsene zeigt sich als Person mit seinen Gefühlen, seinen eigenen Grenzen und bringt diese unverkennbar durch Ich-Botschaften zum Ausdruck. Es wird deutlich zwischen Verhalten und Person getrennt: „Mir gefällt es nicht, dass du zu spät kommst“ und nicht: „Weil du zu spät kommst, habe ich dich nicht mehr lieb!“ Wenn abgesprochene und begründete Regeln nicht eingehalten werden, hat das Konsequenzen, die auch durchgeführt und nicht nur angedroht werden. Dadurch werden Verlässlichkeit und Kontinuität ermöglicht, die dem Kind Handlungssicherheit geben. Neben den Regeln stellen Alltagsrituale und Gewohnheiten der Lebensführung strukturelle Grenzen dar. Für Pestalozzi gehörten zu den Erziehungsmitteln unter anderem auch solche, die die innere und äußere Ordnung unterstützen sollten; dazu gehörten Stille, die geistige und körperliche Konzentration und Gewöhnungen. „Es ist unglaublich, was die Festhaltung solcher Kleinigkeiten dem Erzieher für Fundamente zu großen Zwecken gibt.“[76]
Die Grenzen stellen nicht in erster Linie Verbote dar, sondern sind Markierungen zur Orientierung. Ob eine Konsequenz zur Veränderung führt, hängt auch von ihrer Akzeptanz ab. Sind Strafen logisch, haben sie mit dem Verhalten des Kindes zu tun und entwürdigen sie nicht seine persönliche Integrität, dann tritt eher eine Veränderung aus Einsicht ein, als wenn emotionaler Druck ausgeübt und aus Angst gehandelt wird. Je älter die Kinder werden, desto mehr können sie sich an der Aufstellung der Regeln und der Konsequenzen bei Regelbrüchen beteiligen. Je größer die Mitbeteiligung der Kinder, desto höher ist ihre Einsicht. Allerdings müssen sich auch Erwachsene an diesen Maßstäben orientieren und für die Kinder Vorbilder sein.

Durch mangelnde Strukturen, Chaos und Grenzenlosigkeit im Alltagsverlauf, die den Gegenpol zu Struktur und Grenzsetzung darstellen, wird besonders Säuglingen und Kleinkindern ein notwendiger Orientierungsrahmen vorenthalten, den sie für ihre gesunde Entwicklung brauchen. Der Erwachsene gibt keine klare Orientierung, weder als Person noch durch eine geregelte Tages- und Alltagsstruktur. Für das Kind gibt es keine Verlässlichkeit in Bezug auf Mahlzeiten, Tagesablauf oder die Einhaltung von Verabredungen. Es kann sich nicht darauf verlassen, dass, wenn es mittags aus der Schule kommt, jemand zu Hause ist, ein Essen vorbereitet oder die Bezugsperson ansprechbar ist. Auch kann es die Qualität der Atmosphäre nicht vorhersehen. Aus heiterem Himmel wechseln Stimmungen der Bezugspersonen, Reaktionen sind unberechenbar. Grenzen werden beliebig gesetzt und wieder verschoben oder nicht festgehalten. Ein und dieselbe Person verhält sich dem Kind gegenüber widersprüchlich. Einmal sucht der Erwachsene Nähe und Kontakt und zieht das Kind an sich, ein anderes Mal verhält er sich abweisend, ist überfordert und unnahbar. Die Forschergruppe um Charles H. Zeanah[77], die sich in den 90er Jahren mit risikoerhöhenden Faktoren für die Entwicklung von Kindern in den ersten drei Lebensjahren befasst hat, zählt vor allen Dingen psychische Störungen der Eltern oder unsicher-vermeidende, unsicher-ambivalente oder desorganisierte Bindungserfahrung dazu. Eine unsicher-vermeidende Bindung entsteht, wenn die Wünsche des Kindes nach Nähe und Trost von der Bezugsperson zurückgewiesen werden. Wechselt die Bezugsperson ohne eine für das Kind erkennbare Struktur zwischen Feinfühligkeit und Ablehnung oder Aufdringlichkeit, entsteht eine unsicher-ambivalente Bindung. Diese Bindungsstile entstehen oftmals durch ein Verhalten der Eltern, das mit der Ausübung von psychischer Gewalt einhergeht.

Auch das als „double bind“ bezeichnete Verhalten gehört in diese Kategorie: Der Erwachsene bittet das Kind zu sich und wendet sich zugleich ab, sein Verhalten und seine Emotionen stimmen nicht überein. Der Erwachsene lächelt und straft das Kind, oder er hat ein unbewegliches Gesicht und erklärt, dass er das Kind mag. Einmal wird das Kind in die Partnerersatzrolle gedrängt und überfordert, das andere Mal wird es als inkompetenter Mensch behandelt, den man nicht ernst nehmen kann. Es handelt sich hier nicht um eine klare Erziehungsvorgabe, sondern die Persönlichkeit des Erwachsenen und dessen Überforderung bilden den Erziehungsrahmen, der willkürlich und undurchsichtig ist.

In der Diskussion um Gewalt gegen Kinder halten die Kontroversen bezüglich der Definition der Grenzen erzieherischen Handelns an. Behütung und Schutz des Kindes, Förderung seiner Entwicklung, Begleitung und Unterstützung gehören ebenso zur Erziehung wie einschränkende Verbote und, wenn es notwendig erscheint, Strafen als letzte Konsequenz bei Grenzüberschreitungen. Dieser restriktive Aspekt von Erziehung gilt als ambivalent und problematisch und sorgt im Erziehungsalltag für Stress und Frustrationen sowohl bei Erwachsenen als auch bei Kindern. Andererseits ist die Grenzsetzung unvermeidbar, wenn es zum Ziel der Erziehung gehört, das Kind sowohl in seiner individuellen Entwicklung als auch bei seiner Eingliederung in die Gesellschaft zu unterstützen.
Grenzsetzung ist erforderlich,

- wenn dem Kind Gefahren drohen,
- wenn es die Grenzen anderer verletzt oder
- wenn es Regeln nicht einhält, die das gesellschaftliche Zusammenleben erfordert.

Die Art der Grenzsetzung hängt in hohem Maße von Ermessen, Willkür, Persönlichkeit und Sozialisation des Erziehers ab, aber auch von gesellschaftlichen Erziehungsvorstellungen. Häufige Verhaltensweisen von Eltern, auf Grenzverletzungen zu reagieren, fallen in den Bereich der physischen und psychischen Gewalt gegenüber Kindern. Zudem werden viele Formen von Gewalt, die den Namen Erziehungsmaßnahme tragen, von der Allgemeinheit immer noch gebilligt. Doch durch die Diskussionen im Zusammenhang mit dem im Jahr 2000 verabschiedeten Gesetz zum Recht des Kindes auf eine gewaltfreie Erziehung (§ 1631, II BGB) ist wieder stärker ins Blickfeld gekommen, dass Strafen, wenn sie pädagogisch gerechtfertigt sind, „eine aufbauende Komponente haben (müssen), mit der sich die Verletzung der Grenze und die Verletzung der Beziehung überwinden lässt".[78] Sie sollten auf Wiedergutmachung der Situation verweisen und nicht als Sühne, Rache, Schadenszufügung oder Abschreckung dienen. Demnach werden auch in unserem Kontext alle Erziehungsmaßnahmen, die die Persönlichkeit und Würde eines Kindes verletzen, es demütigen und herabsetzen und seine Entwicklung hemmen, als Erziehungsgewalt verstanden, hierzu gehören sowohl *physische als auch psychische Gewaltakte*, wobei letztere weniger offensichtlich sind.

3.5 Fünfte Säule: Allseitige Förderung

Der Erwachsene bietet eine an Anregungen reiche Umgebung und macht das Kind bekannt mit Natur, Wissenschaft, Technik, Religion und Kosmos. Er antwortet auf Fragen, unterstützt das Neugierverhalten und ermöglicht dem Kind intellektuelle, sprachliche und sinnliche Erfahrungen. Es geht um die Bereitstellung von Welt- und Lebenszusammenhängen, um Kulturaneignung. Das Kind ist zunächst ein Fremdling in unserer Welt, und es ist darauf angewiesen, dass Erwachsene sie ihm schrittweise zugänglich machen, damit es sie sich zu Eigen machen kann. Gerade in den ersten Lebensjahren sind der Entdeckerdrang, die Neugierde und die Begeisterung für das Lernen besonders ausgeprägt. Voraussetzung für die eigene, aktive Entdeckertätigkeit ist eine sichere Bindung. „Muttermilch macht Kinder intelligenter", so lautete vor Jahren die etwas medienwirksame Überschrift in einer bekannten Elternzeitschrift. In dem Artikel ging es nicht etwa um die Zusammensetzung der Muttermilch, sondern um die Zusammenhänge von sicherer Bindung, Kontinuität, Nähe und Vertrauen, die sich durch die Stillzeiten entwickeln können – und der Entwicklung des Neugierverhaltens. Sicher gebundene Kinder gehen auf Neues freudig und interessiert zu. Sie sind in der Lage, sich von ihrer „Sicherheitsstation", der Mutter oder anderen vertrauten Bezugspersonen, wegzubewegen, um sich auf Unbekanntes einzulassen. In der Auseinandersetzung mit „Welt" machen sie neue Erfahrungen, die sie verarbeiten und sprachlich ausdrücken. Anfassen, Erkunden und Greifen hängen eng mit dem Begreifen-Können zusammen. Sicher gebundene Kinder vergewissern sich während ihrer (Welt-) Erkundungen immer wieder der Anwesenheit der Mutter, suchen den Blickkontakt, den Hörkontakt, binden die Mutter oder die Bezugsperson in das neue Wissen ein, um sich dann wieder eigenen Erfahrungen zuzuwenden. In diesem Sinn macht „Muttermilch Kinder intelligenter", weil die Voraussetzung einer sicheren Bindung das Neugierverhalten stärkt, das wiederum Wissen und Erfahrungen erweitert.

Doch was sollten Eltern ihren Kindern in den ersten Lebensjahren vermitteln, womit sollten diese in Berührung kommen? Diese Frage stellte Donata Elschenbroich zwischen 1996 und 1999 Menschen jeden Alters, aller Schichten und Bildungshintergründe: „Die eigene Anwesenheit als positiven Beitrag erleben, einem Erwachsenen eine ungerechte Strafe verziehen haben, einen Schneemann gebaut, in einer anderen Familie übernachtet haben“ sind nur einige Erfahrungen, die Siebenjährige der Umfrage zufolge gemacht haben sollten. „Wissen, das sind ebenso Erinnerungsspuren des Kindes, Routinen, Zweifel, offene Fragen, intelligentes Raten. Auch entscheiden zu können: Das interessiert mich jetzt nicht. Wissen heißt nicht, über etwas viel reden, sondern etwas tun können“[79], erklärt die Autorin. So geht sie in ihrem Buch auf das Kind als Lebens-Experten ein: Es ist Forscher, Sammler, Erfinder. Hierbei vergleicht sie beispielhafte Initiativen in anderen Ländern, die der Unterstützung des kindlichen Expertentums dienen. Es geht darum, die Kraft im Kind zu unterstützen, damit es sein eigener Lehrer werden kann. Erwachsene haben die Aufgabe, die dem Kind wichtigen Erfahrungen zu ermöglichen, sie ihm nahe zu bringen und achtsam zu sein, wo sie nötige Lernmöglichkeiten verhindern.

Mangelnde Förderung einerseits und eine einseitig orientierte Über-Förderung bilden die Gegenbegriffe zur allseitigen Förderung. Während in der einseitigen (Über-)Förderung das Kind von dem ehrgeizigen Erwachsenen zu übertriebener Leistung, meist auf einem bestimmten, dem Erzieher wichtigen Gebiet, gezwungen wird, werden ihm bei der mangelnden Förderung die Welt- und Lebenszusammenhänge vorenthalten. Die überfördernde Beziehung der Eltern zum Kind ist häufiger durch einen kontrollierend-bestimmenden Kommunikationsstil geprägt, während die mangelnde Förderung mit Vernachlässigung und Missachtung einhergeht. Wesentliche Orientierungshilfen werden dem Kind nicht ermöglicht. Die Umwelt ist anregungs- und spracharm, Erwachsene sind nicht in der Lage oder nicht bereit, angemessen mit dem Kind in Interaktion zu treten und sein

Neugierverhalten zu unterstützen. In beiden Fällen entsteht ein Mangel an Lebenskompetenz und Autonomie.

3.6 „Fünf Säulen plus" – sechste und siebte Säule

Den fünf bekannten Säulen habe ich zwei weitere hinzugefügt, von denen ich glaube, dass sie elementare Grundlagen dafür sind, entwicklungsfördernd erziehen zu können.

- **Sechste Säule: Gemeinschaft versus Isolation**

Erziehung bedarf der Unterstützung durch die Familie, Wahlfamilie, Nachbarschaft, Sozialraum, „eines ganzen Dorfes". Weitere vertraute Menschen und Gruppierungen um die Beziehungsdyade (Bezugsperson-Kind) bzw. Triade (Mutter-Vater-Kind), die sich einsetzen und Mitverantwortung übernehmen, stellen nicht nur eine (Bildungs-)Bereicherung für die Kinder, sondern eine wesentliche Entlastung für Mütter und Väter dar und sind damit eine unerlässliche weitere Grundvoraussetzung für entwicklungsfördernde Erziehung. In Zeiten, in denen der Druck der Arbeitswelt und der Schule zuzunehmen scheint, halte ich es für wichtig, gegen einen Trend zu Isolation und Individualismus den Gedanken stark zu machen, dass Erziehung nur in der Gemeinschaft gelingen kann. Eine Gemeinschaft aber ist nicht schon dadurch definiert, dass einige oder viele Menschen zu einem bestimmten Zweck und zu einem bestimmten Zeitpunkt an einem bestimmten Ort sind.
Menschen, die in Isolation leben (Schattensäule), sind sehr viel häufiger verunsichert, weniger selbstwirksam oder aus Überforderung gewaltbereiter. Von daher muss es ein Bestreben sein, in Politik und dem pädagogischen Hilfe- und Bildungssystem dafür Sorge zu tragen, dass Eltern und Familien in ein gut funktionierendes soziales Netzwerk eingebunden sind und dort unterstützt werden.
Aber auch die Verbundenheit mit Vorfahren, verstorbenen Familienmitgliedern gehört zu dem, was die Kraft der Gemeinschaft genannt werden

kann. Zugehörigkeit ist ein elementares Grundbedürfnis und kann in der Familie durch Feste und Rituale, aber auch durch immer wieder erzählte Geschichten von Familienmitgliedern oder das Anschauen von Fotos geweckt werden. Die erweiterte Familie als Verwandtschafts- oder Wahlfamilienverbund steht nicht allen Familien zur Verfügung. Durch Migration, Trennungen und Scheidungen, aber auch durch Umzüge müssen diese Netzwerke oft mühsam neu aufgebaut werden. Häufig haben gerade Alleinerziehende, die in eine neue Umgebung gezogen sind, resigniert, weil es schwer ist oder länger dauert, in dem noch nicht vertrauten Sozialraum Anschluss zu finden. Wir stellten Alleinerziehenden in einem Stadtteil folgende Fragen: Wie viele Menschen hast du, denen du dich in Krisenzeiten anvertrauen kannst? Wie viele Personen fallen dir ein, die an einem Wochenende, wenn du Hilfe benötigst, für dich einspringen und deine Kinder versorgen? Wie viele Menschen kennst du, bei denen du bei Bedarf Zucker oder Eier ausleihen könntest? Erstaunt nahmen wir zur Kenntnis, dass ca. 17 % der Befragten keinen Menschen benennen konnten. Erst nach einem achtwöchigen gemeinsamen Elternkurs, in dem besonders darauf geachtet wurde, dass soziale Kontakte unter den Eltern möglich wurden, konnten alle Befragten mindestens eine oder zwei Personen benennen.

Eltern, die zum Beispiel aus Armut, beruflicher Überlastung oder wegen Sprachbarrieren mit ihren Kindern selten am gesellschaftlichen Leben teilnehmen und wenig Sozialkontakte haben, geraten immer tiefer in die Isolation und laufen Gefahr, ein negatives Selbstbild zu entwickeln. Sie fühlen sich weniger wertvoll und liebenswert und machen immer seltener den Versuch, ihre selbsterfüllenden Prophezeiungen durch neue positive Erfahrungen zu überprüfen.

Begegnungsräume zu schaffen, in denen neue Kontakte möglich werden, und auf Familien vorurteilsbewusst und achtungsvoll zuzugehen, gehört mit zu den klassischen Zielen in der Zusammenarbeit mit Familien.

- **Siebte Säule: Spiritualität versus Allmachtsphantasien**

Mein Begriff von Spiritualität ist nicht spezifisch religiös, obwohl er ihm auch nicht widerspricht. Vielmehr geht es mir darum, Alltagssituationen auf eine Dimension hin zu untersuchen, die mehr ist als das, was unmittelbar sichtbar und planbar ist. Erziehung in komplexen Lebenszusammenhängen kann meines Erachtens nur gelingen, wenn die Erziehenden aus einem Mehrwert schöpfen können, der pädagogisch nicht unmittelbar verrechenbar ist. Es handelt sich hier um unspezifische Wirkfaktoren, wie zum Beispiel Vertrauen in das Leben, Gelassenheit, Hoffnung, Verzeihen, Trost oder Mut. Insofern ist Spiritualität als Gegenpol zu einer Anmaßung von Allmacht, die erfahrungsgemäß immer wieder an den Realitäten scheitert, zu verstehen.[80]

Viele Erziehende gehen davon aus, dass sie alles selbst machen, kontrollieren und gestalten müssen (und das auch noch perfekt!). Gegen Gefahren, die überall lauern könnten, gegen ihre Angst um das Kind oder einen möglichen Bildungsabstieg kämpfen sie an, indem sie kontrollieren und davon überzeugt sind, dass sie alleine es sind, die dafür Sorge tragen müssen, dass ihr Kind glücklich wird. In diesem Falle verausgaben sie nicht nur sich selbst erheblich, sondern halten dem Kind wichtige Entwicklungserfahrungen vor, die es nur alleine, auch in der Auseinandersetzung mit Gefahren, machen kann. Das Wissen darum oder der Glaube daran, dass es noch andere Wirkkräfte im Leben eines Menschen gibt, die je nach religiöser Orientierung eine höhere Macht oder kosmisches Urvertrauen genannt werden können, ermöglicht Eltern eine hoffnungsvolle Grundhaltung, die ihnen verhilft loszulassen (und vielleicht auch, ihre Ängste besser auszuhalten). Der Psychoanalytiker Horst-Eberhard Richter beschreibt, wie der Mensch im Übergang vom Mittelalter zur Neuzeit sein Verhältnis zu Gott (und dem Unverfügbaren) verändert hat. Er fühlt sich in der zunehmend komplexer werdenden Welt nicht mehr geborgen und kompensiert seine eigene Unsicherheit und Abhängigkeit durch die schrittweise Übernahme der Allmacht als Angstvermeidungsstrategie. Der neuzeitliche Mensch wird immer mehr zum „Macher" und fühlt sich selbst als Gott, weil er damit seine fundamentale Abhängigkeit und Schwachheit verdrängen kann. Dieser Gotteskomplex äußert sich sowohl im Denken als auch praktischen Handeln, zum Beispiel in der technischen Naturbeherrschung oder der Unfähigkeit, sich auf die unverfügbaren Anteile des Lebens einzulassen. Da die egozentrische Allmacht des Menschen aber immer wieder an ihre Grenzen stößt, schwankt der Mensch zwischen Allmacht einerseits und Ohnmacht andererseits.

Was kann dann an die Stelle treten, wenn der Mensch wahrnehmen muss, dass nicht alles von ihm und seinem Machen und Tun sowie seinen Kontroll- und Sicherheitssystemen abhängt?

Im Erziehungsprozess kann es zu Wut und Hass auf sich, das Kind oder die Situation führen, wenn Erwachsene merken, dass ihre Strategien nicht wirken. Einerseits werden oft noch mehr Druck und Kontrolle aufgebaut, andererseits fühlen sie sich zunehmend als Opfer (der Situation, der Kinder, der Gesellschaft), aus der Hilflosigkeit, Depression und Sinnlosigkeit erwachsen. Beide Grundhaltungen sind keine entwicklungsfördernden Voraussetzungen für Beziehung und Erziehung.[81]

Horst-Eberhard Richter beginnt sein Buch „Der Gotteskomplex“ mit dem Beispiel eines intellektuell wachen Kindes, das irgendwann im Laufe seiner Entwicklung beginnt, seinen Eltern zu misstrauen. Dieses mangelnde Vertrauen verursacht Angst. Um diese zu meistern, entwickelt das Kind Allmachtsphantasien und beginnt, alles unter seine Kontrolle zu bekommen. Dabei steht sein Tun in keinem Verhältnis zu seinem realen Können und seinen Möglichkeiten. Ähnliches, so Richter, muss beim europäischen Menschen vom Übergang des Mittalters in die Neuzeit geschehen sein. Im Mittelalter befand sich der Mensch in der Geborgenheit Gottes. Doch das Misstrauen gegenüber Gott wuchs nicht nur aus Angst, nicht genügend bewahrt zu werden, sondern auch aus der vor dem strafenden Gott. Seine eigene Unsicherheit und Abhängigkeit kompensiert der Mensch von nun ab dadurch, dass er schrittweise die Gottesrolle selbst übernimmt. René Descartes' bekannter Satz „Cogito, ergo sum – Ich denke, also bin ich!“ sei ein Beispiel hierfür. Richter sieht darin eine intuitive Entscheidung, in der das Ich seine Selbstgewissheit an erste Stelle setzt und somit Gott entmachtet. Ich verstehe „Gott“ in diesem Zusammenhang als ein Prinzip und auch als ein Synonym für alles, was im Leben unplanbar, unvorhersagbar und geheimnisvoll ist. Spiritualität setzt nicht voraus, dass man an außermenschliche Kräfte „glaubt“. Sie führt aber zu der Erfahrung solcher

Kräfte, wie auch immer sie benannt werden. Zu wissen, dass nicht alles, weder im Guten noch im Schlechten vom eigenen Willen oder dem eigenen Vermögen abhängt, kann nachsichtig gegenüber anderen und gegenüber sich selbst machen. Diese Nachsichtigkeit hat nichts zu tun mit einer „Laisser-faire-Erziehung“, sondern ist gerade im pädagogischen Kontext unabdingbare Voraussetzung für „allseitige Förderung“.

3.7 Gegenüberstellung: Entwicklungsfördernde und entwicklungshemmende Aspekte in der Erziehung

Die fünf Säulen „plus zwei“ einer Erziehung, die als entwicklungsfördernd bezeichnet werden, basieren auf einer Grundhaltung, in der das Kind als Subjekt wahrgenommen wird, die Eltern ihre Elternrolle bejahen und die damit verbundenen Veränderungen in ihrem Leben akzeptieren. Daraus können *Liebe, Achtung, Kooperation, Struktur* und eine *angemessene Förderung* erwachsen, die sich auf der Grundlage von Gemeinschaft und Spiritualität weiterentfalten können. Im alltäglichen Leben liegt keine klare Trennung der einzelnen erzieherischen Umgangsweisen und Haltungen vor; viele sind in unterschiedlichen Graduierungen miteinander kombiniert, andere sind gar nicht voneinander getrennt anzutreffen. Nur wegen der besseren methodischen Übersicht wurden sie einzeln dargestellt.
Auch die entwicklungshemmenden Faktoren der Erziehung treten im Erziehungsalltag selbstverständlich nicht getrennt voneinander auf, sondern als Mischformen. Missachtung ist beispielsweise jeder anderen Form der psychischen Gewalt übergeordnet, denn auch Ablehnung, Abwesenheit, Dirigismus oder Überbehütung beinhalten die Missachtung von Gefühlen oder Bedürfnissen des Kindes. Entwicklungshemmendes Verhalten verstehe ich als psychische Gewalt, die in den Polaritäten von einem „Zuviel“ oder einem „Zuwenig“ von Nähe, Distanz, emotionaler Befriedigung, Förderung, Schutz, Sicherheit und Annahme zu finden ist.[82] Die Ausübung psychischer Gewalt findet immer auf der Kommunikationsebene statt. Wenn das Kind beispielsweise angeschwiegen und der Blickkontakt ver-

mieden wird, vermittelt man damit unter anderem ein „Zuwenig" an Nähe und Achtung. „Sobald der Mensch zur Welt gekommen ist, ist Kommunikation der einzige und wichtigste Faktor, der bestimmt, welche Arten von Beziehungen er mit anderen eingeht und was er in seiner Umwelt erlebt."[83] Psychische Gewalt wirkt besonders durch die Beziehungsaspekte von Kommunikationsbotschaften, da diese entscheidend die Gefühle des Kindes nähren und das Selbstwertgefühl wesentlich aus ihnen resultiert. Durch die Art, wie das Kind von den Eltern verbal oder nonverbal angesprochen – und behandelt – wird, erfährt das Kind, wie die Eltern zu ihm stehen.

Bei entwicklungshemmenden Faktoren in der Erziehung kann die Rolle des Erwachsenen sehr unterschiedlich sein: Entweder ist er allmächtig und demgegenüber erlebt sich das Kind als ohnmächtig und dem Erwachsenen ausgeliefert, oder der Erwachsene bietet dem Kind keine warmherzige Atmosphäre und hält das Kind auf Distanz. Der desorganisierte Erwachsene ist selbst unsicher und überfordert und findet weder für sein eigenes Leben eine Struktur noch für das Zusammenleben mit dem Kind. Die Selbstreflexionsbereitschaft ist gering, das Kind ist daran schuld, wenn es Probleme gibt.

In einer Gegenüberstellung sollen zusammenfassend die einzelnen Kriterien, die vorwiegend entwicklungshemmend beziehungsweise entwicklungsfördernd sind, aufgelistet werden.

Entwicklungsfördernde Aspekte	*Entwicklungshemmende Aspekte*
Säule 1:	
Emotionale Wärme	**Emotionale Kälte**
Anteilnahme	Ablehnung
Zuwendung	Distanz
Trost	Desinteresse
Ermöglichung von Körperkontakt	Vermeidung von Körperkontakt
Lächeln	Ignorieren
freundliche Zuwendung	unfreundliche Abwendung
wohlwollende Atmosphäre	zurückweisende Haltung
	Emotionale Überhitzung
	Überbehütung
	Einengung
	Abhängigkeit
	„fürsorgliche Belagerung“
Säule 2:	
Achtung	**Missachtung**
Anerkennung	Abwertung
Wertschätzung	Geringschätzung
positive Rückmeldung	negative Rückmeldung, Nörgeln
Lob	Tadel, destruktive Strafe
Hilfe zur Selbsthilfe	Einschränkung
Selbstbestimmung	Fremdbestimmung
Respekt	Demütigung
Erklärung	Diskriminierung
Wahrnehmung	Beschimpfung, Beleidigung
Zeit für das und mit dem Kind	Vernachlässigung

Säule 3:

Kooperatives Verhalten	Dirigistisches Verhalten
minimale Lenkung	maximale Lenkung
Übergabe von Verantwortung	Einschränkung von Verantwortung
loslassendes Begleiten	Überbehütung
Akzeptanz gegenüber Fehlern	Kontrolle, Verbote
Mitbestimmung und Teilhabe	Befehl, Vorgabe, Anordnung
Freiraum, Selbstbestimmung	Einschränkung von Freiraum, Fremdbestimmung
Förderung von Selbstständigkeit	Einschränkung von Autonomie
unterstützend	fordernd
gemeinsame Planungen und Unternehmungen	vom Erwachsenen geplante Unternehmungen
Ermutigung	Drohung

Säule 4:

Struktur	Chaos
Konsequenz klare Grenzen	Inkonsequenz
(Setzung von Grenzen)	Grenzenlosigkeit
Rituale und Regeln	Beliebigkeit
Klarheit	Unberechenbarkeit
Verlässlichkeit	überfordertes Nichtstun, Ohnmacht
Kontinuität	Resignation

Säule 5:

Allseitige Förderung	**Einseitige (Über-)Förderung**
Bereitstellung einer anregungsreichen Umgebung	übermäßiges Leistungsstreben
Unterstützung des Neugierverhaltens	ehrgeiziger Drill
Bereitstellen von Welt- und Lebenszusammenhängen	Zukunftsorientierung
Beantwortung von Fragen	**Mangelnde Förderung**
Ermöglichung von Kulturaneignung	anregungsarme Umgebung
Sinnliche Erfahrungen zulassend	Reduktion von Welt
Lernen arrangierend	Lernen und Erfahrungen verhindernd
Bereitstellung von Wissen in den Bereichen Natur, Wissenschaft, Technik, Religion	Neugierverhalten dämpfend Verweigerung von Antworten

Säule 6:

Gemeinschaft	**Isolation**
Mitverantwortung	Einsamkeit
Teilhabe	Ungeborgenheit
Partizipation	Ausgeliefert sein
Zugehörigkeit	Einengung von Möglichkeiten
Verlässlichkeit	Mangelnde Integration
Geborgenheit/Heimat	Verkümmern von Anlagen
Einüben von Sozialkompetenz	Reizmangel

Säule 7:

Spiritualität

Gelassenheit, Mut
Kraft, Vertrauen
Beschützt sein
Hoffnung, Struktur des Alltags,
Ehrfurcht
Hingabe, Dankbarkeit
Vergebungsbereitschaft
Altruismus

Allmachtsphantasien

Egozentrik
Machbarkeitswahn
Kontrolle
effizienzbetont
erfolgsorientiert
eindimensional

4 Von Demütigungen und anderen „Erziehungsmaßnahmen“

Geht man davon aus, dass die meisten Eltern im Allgemeinen das Beste für ihr Kind wollen, bleibt die Frage, wie es zu Interaktionen kommen kann, die demütigend, entwürdigend, missachtend, kurz gesagt, gewalttätig sind und den Eltern und Kindern das Leben miteinander erschweren. Untersuchungen zeigen, dass psychische und physische Gewaltformen häufig in Zusammenhang mit Krisen und Konfliktsituationen angewandt werden. Sie dienen den Eltern in vielen Fällen als Maßnahme zur Bewältigung ihrer Konflikte, als Versuch, das Zusammenleben oder den Erziehungsalltag in der Familie aufrechtzuerhalten. Familiäres Gewalthandeln kann der Versuch einer Bewältigungsstrategie sein. Die im alltäglichen Zusammenleben auftretenden Konflikte entstehen durch die Diskrepanz zwischen den Bedürfnissen, Wünschen, Gefühlen, Erwartungen und Vorstellungen von Eltern und Kindern. Sie entstehen aus den Belastungen und dem Stress, denen die Familien ausgesetzt sind. Durch den Einsatz psychischer Gewalt wird das normale Leben scheinbar aufrechterhalten, sie ist in diesem Sinne eine Form der Konfliktbearbeitung.

„In praktisch allen Bereichen unseres Lebens, im Großen wie im Kleinen, im persönlichen Umkreis ebenso wie in der Weltpolitik, sind wir mit verschiedenen Formen von Gewalt konfrontiert. Gerade weil uns dies klar ist und wir uns – mit Recht – vor dem Ausmaß dieser Gewalt fürchten, setzen wir vielfältige Strategien ein, mit deren Hilfe wir unseren Blick von diesem Thema abzulenken und uns zu beruhigen versuchen, es sei alles eigentlich gar nicht so schlimm.“[84] Dies ist sicherlich einer der Gründe, warum psychische Gewalt in der Erziehung bis heute nicht ausreichend thematisiert wird. Gleichzeitig wird versucht, die eigene Theorie des gewaltfreien Erziehungsalltags zu sichern. Dies geschieht auf zwei Ebenen: Man spricht sich selbst von eigener Gewaltausübung frei, und viele Formen der Gewalt werden als „normales“, allgemein akzeptiertes Verhalten im Umgang miteinander interpretiert.

Dies geschieht besonders dann, wenn dieses „normale" Verhalten zum eigenen Verhaltensrepertoire gehört. Als Hauptgrund, warum Eltern schlagen, nannten sie „Ungehorsam des Kindes".[85]

Nach Angaben des Jugendforschers Klaus Hurrelmann (2001) schlagen 60 % der Eltern ihre Kinder heute immer noch, und ein Drittel aller Eltern in Deutschland fühlt sich mit der Erziehung ihrer Kinder überfordert. Psychische Gewalt erscheint im Erziehungsalltag als Erziehungsmaßnahme getarnt und wird als solche umgedeutet, da Eltern wie auch Beobachter in diesem Verhalten häufig gar keinen Bezug zur Gewalt sehen. Das bedeutet, dass diese Form der Gewaltausübung nicht in einem Widerspruch zu allgemein akzeptierten gesellschaftlichen Werten und Normen steht. Gäbe es ein Spannungsverhältnis zu gesellschaftlichen Normen, dann würde das Gewalthandeln durch die Öffentlichkeit verurteilt, und der Einzelne wäre gezwungen, sein Erziehungsverhalten, zumindest in der Öffentlichkeit, zu überprüfen und zu verändern.

Dieses Ziel strebte die groß angelegte Kampagne des Bundesfamilienministeriums unter dem Namen „Mehr Respekt vor Kindern" im Jahr 2000 an. Sie diente vor allem der Informationsvermittlung durch verschiedene Medien; so wurden Anzeigen geschaltet, ein Fernsehspot produziert und Plakataktionen durchgeführt, die auf Veränderungen des Erziehungsverhaltens abzielten. Die Botschaft war deutlich: Gewalt gegenüber Kindern ist ein gesellschaftlich nicht akzeptiertes Verhalten. Der Fokus der Medien lag dabei eindeutig auf der Ächtung physischer Gewaltanwendung. Bereits vor Inkrafttreten des Gesetzes zum Recht des Kindes auf gewaltfreie Erziehung gab es in ganz Deutschland – wie auch heute – viele Einzelprojekte und Aktionen, die Eltern bei der Erziehung unterstützen wollen. Mit der Kampagne sollte eine Sensibilität dafür geschaffen werden, dass die vielfältigen Formen von Gewalt, die den Namen „Erziehungsmaßnahmen" tragen, von der Allgemeinheit immer weniger gebilligt werden und eigenes Erziehungsverhalten stärker hinterfragt werden muss. Nach einer Verlautbarung des Familienministeriums zum Abschluss der Kampagne wurde dieses Ziel weitgehend erreicht: Bundesfamilienministerin Christine Bergmann erklärte, dass eine vom Bundesfamilien- und Bundesjustizministe-

rium in Auftrag gegebene Studie, für die 6000 Eltern, Kinder und Multiplikatoren in der Familien- und Jugendberatung befragt wurden, bestätigt, dass das Leitbild des Aufwachsens ohne Gewalt inzwischen breit bekannt und akzeptiert ist.[86] Weniger als 10 % der Eltern gaben an, dass sie „schallende Ohrfeigen" verabreichten; zu dem Votum, dem Kind „kräftig den Po (zu) versohlen", bekannten sich 26 %. Zumindest, so kann man annehmen, ist gewaltfreie Erziehung ein theoretisches Ziel vieler Eltern geworden.
Im Zusammenhang mit diesen durchaus erstaunlichen Ergebnissen stellen sich für uns dennoch einige Fragen:

- Wie werden Interpretationen und Definitionen von Gewalt individuell vorgenommen?
- Orientieren sich die positiven Ergebnisse von Seiten der Eltern eher an einem von ihnen erwarteten Antwortverhalten als an der eigenen Erziehungsrealität? Wird im häuslichen Intimraum weiterhin Gewaltanwendung als Erziehungsmaßnahme eingesetzt, allerdings nach der Aufklärungskampagne mit einem vorwiegend schlechten Gewissen?
- Inwieweit beziehen sich die Aussagen in erster Linie auf körperliche Züchtigung, nicht aber auf psychische Gewaltanwendung, da diese als solche nicht wahrgenommen wird?
- Ist es denkbar, dass viele Eltern in der Tat die Ächtung von Gewalt und die daraus resultierenden Veränderungen im Eltern-Kind-Verhältnis kognitiv nachvollzogen haben, aber in ihrem alltäglichen Verhalten immer noch aus Gewohnheit oder gegen bessere Einsicht entwürdigende Erziehungspraktiken anwenden?

Das, was als Gewalt gilt, ist nach wie vor eine Frage des sozialen Hintergrundes und der eigenen Interpretation. Die eigenen Alltagstheorien von Erziehung, elterlicher Sorge und Gewalt sind durch die jeweilige Sozialisation der Erziehenden und die soziokulturelle Umwelt geprägt. Eine immer noch autoritär denkende Gesellschaft wird daher extrem angepasste und besonders brave Kinder nicht als Opfer wahrnehmen. Vielmehr wird sie den Eltern eine Anerkennung ihrer erzieherischen Leistungen zuteil werden lassen.

Im Rahmen unserer Evaluationsstudie zu einem Elternkurskonzept[87] legten wir Eltern Fallbeispiele von Konfliktsituationen im Erziehungsalltag vor. Bei einem Angebot von drei bis vier Lösungsbeispielen gab es immer eines, in dem ein Konfliktfall mit psychischer Gewalt gelöst wurde. Die Eltern sollten die Lösung ankreuzen, die sie am ehesten in ihrem eigenen Erziehungsalltag anwenden würden. Sowohl bei den Antworten, die die Eltern aus vorgegebenen Aussagen auswählten, als auch in den Einzelinterviews entschieden sich vor Besuch des Elternkurses auffallend viele Eltern für Strategien, in denen psychische Gewalt zum Einsatz kam. Interessant war, dass die Eltern diese von der Forschergruppe als psychische Gewaltanwendung definierten Konfliktlösungen – Missachtung, Demütigung, Liebesentzug, Ignoranz etc. – oft nicht als solche einstuften. Eine Mutter, die sich im Einzelinterview entschieden gegen Gewalt ausgesprochen hatte, löste ein Fallbeispiel, in dem ein Kind verspätet nach Hause kam, folgendermaßen: Sie sperrte das Kind für einen längeren Zeitraum im Zimmer ein. Dies hielt sie keineswegs für eine gewaltsame Erziehungsmaßnahme, sondern für eine klare, deutliche Grenzsetzung.

In einem anderen Beispiel betonte eine Mutter, dass sie ihrer zwölfjährigen Tochter noch nie eine Ohrfeige gegeben oder Schläge ausgeteilt habe. Sie begegne ihrem Kind, wenn dieses sich ungezogen verhalte, in Ruhe und lasse ihm außerdem auch Zeit, sich wieder zu beruhigen, so die Mutter. Von der Tochter wurde die Erziehungsmaßnahme ihrer Mutter allerdings so beschrieben: „Wenn meine Mutter auf mich böse ist, dann redet sie manchmal tagelang nicht mehr mit mir. Ich versuche dann, besonders nett zu sein, damit die Stimmung wieder besser wird. Mir wäre es lieber, es gäbe einmal ein richtiges Donnerwetter, und dann wäre es wieder gut!“ Die Mutter ordnete ihr Verhalten weder unter „psychischer Gewalt“ ein, noch hatte sie das Gefühl, falsch zu handeln, im Gegenteil: Sie fühlte sich in ihren Erziehungsmethoden durch die gewünschte Reaktion der Tochter bestätigt. Die Reaktion des Kindes – besonders nett sein, weil es die abweisende Atmosphäre nicht ertragen kann – wirkte sich demnach „systemstabilisierend“ auf das mütterliche Erziehungskonzept aus. Das Verhalten der Tochter erschien ihr keineswegs fragwürdig. Diese Mutter gehört zur

Mehrheit derjenigen, welche die Frage, ob sie Gewalt in der Erziehung anwenden, verneinen würden. Sehr von sich überzeugte, wenig selbstkritische Eltern sehen oft einen möglichen „Erziehungsnotstand“ in ihrer eigenen Familie nicht und schreiben ihn den „gewaltbelasteten“ Familien zu. In einer Kinderbefragung, die im Rahmen einer Diplomarbeit an der Fachhochschule Köln[88] durchgeführt wurde, gab ein Drittel der Kinder auf die Frage, was für sie die schlimmste Strafe sei, Ignorieren und Missachtung an.

Psychische Gewalt wird demnach von Erwachsenen häufig unwillentlich und unbewusst ausgeübt und als sinnvolles Erziehungsverhalten deklariert. Lloyd de Mause[89] macht weniger die mangelnde Liebe als vielmehr ein unzureichendes Wissen über kindliche Entwicklungsphasen und Kommunikationszusammenhänge für den missachtenden Umgang der Erwachsenen mit Kindern verantwortlich. Eltern sind der Meinung, so müsse erzogen werden, da sie selbst schließlich auch so erzogen worden seien und bestätigen dadurch ihre „Alltagstheorien“ über Erziehung. Neben der von vielen Eltern gewünschten Unterstützung muss ein allgemeines, gesellschaftlich anerkanntes Gewaltbewusstsein existieren, um das Problem der psychischen Gewalt im eigenen Verhalten erkennen und angehen zu können. Medien könnten dieses Bewusstsein entscheidend unterstützen. Dies ist aber gerade bei psychischer Gewalt gegen Kinder nicht der Fall. Nach einer österreichischen Studie, deren Ergebnisse auch bei uns als signifikant gelten können, ist Gewalt gegen Kinder kein Medienthema oder nur eines, das großen Einschränkungen unterliegt.[90] So finden Themenbereiche wie psychische Gewalt oder die Rechte von Kindern, beides hängt eng zusammen, selten einen Sendeplatz. Berichtet wird in Bezug auf Gewalt nur das, was „konkret und unmittelbar ist, anschaulich dargestellt werden kann und nachhaltige oder gar tödliche Folgen hat“[91]. Mit anderen Worten: Dargestellt wird, was sensationell ist oder spektakulär aufbereitet werden kann. Der Nachrichtenwert psychischer Gewalt ist deshalb nicht sehr hoch. Die fehlende Präsenz dieses Themas in den Medien unterstützt die Einstellung der Gesellschaft, die psychische Gewalt als „Normalität“ einschätzt, und verhindert die Entstehung eines Problembewusstseins.

Inwieweit es durch die Informationskampagne des Bundesfamilienministeriums im Zusammenhang mit der Gesetzgebung zum Recht des Kindes auf eine gewaltfreie Erziehung zu einem gesellschaftlichen Umdenken und einer allgemeinen Bewusstwerdung der Problematik gekommen ist, die auch zu einem gewaltfreien Erziehungsverhalten führen, wird nach wie vor abzuwarten sein. Nach wie vor wird Gewalt im Erziehungsalltag noch von vielen Kindern als unbezweifelbare Realität erlebt. Diese Kinder nehmen damit in ihr Alltagswissen auf, dass ein entwürdigender, missachtender Umgang miteinander oder Kindern gegenüber eine angemessene, von vielen Erwachsenen respektierte Verhaltensweise ist. Dadurch wächst die Unfähigkeit, in entscheidenden Situationen der eigenen Wahrnehmung zu trauen. Das Kind lernt Verhaltensmuster als normal hinzunehmen, die Respekt und Achtung vor dem Kind vermissen lassen, und wird voraussichtlich selbst Interaktionsformen wählen, die von psychischer und physischer Gewalt geprägt sein werden.
Bei Konflikten im Erziehungsalltag steht meist die Unvereinbarkeit verschiedener Motive und gegensätzlicher Interessen der beteiligten Personen im Vordergrund. Ein Konflikt liegt dann vor, wenn Wünsche, Interessen, Meinungen, Werte und Sympathieempfindungen als unvereinbar erlebt werden.
Im Erziehungsalltag kann es zu unterschiedlichen Formen von Konflikten zwischen Eltern und Kindern kommen, die vier verschiedene Konflikttypen[92] erkennen lassen: den Faktenkonflikt, den Interessenkonflikt, die Bewertungsunvereinbarkeit und die Personenunvereinbarkeit.
Der Faktenkonflikt besteht, wenn unvereinbare Behauptungen, die nicht beide Gültigkeit haben können, aufeinandertreffen. Die Behauptung der anderen Person wird als falsch oder nicht wahr charakterisiert.
Ein Interessenkonflikt kann dann auftreten, wenn die bestehenden Bedürfnisse und Interessen des Kindes nicht mit denen der Eltern zu vereinbaren sind. Im erzieherischen Machtgefälle besteht die Möglichkeit, dass die Bedürfnisse, Wünsche und Interessen der Kinder von den Eltern als illegitim dargestellt und dann übergangen werden.

Wenn Dinge, Verhaltensweisen, Ideen, Eigenschaften und auch Wertkonzepte der anderen Person als schlecht oder nicht wertvoll eingeschätzt werden, besteht der Konflikt in einer Unvereinbarkeit der Bewertungen. Da Werte eng mit dem Selbstbild und der eigenen Identität verwoben sind, bedeuten Konflikte auf dieser Ebene immer eine große Unsicherheit und Spannung. Diese drei Konflikttypen betreffen die Inhaltsebene.

Bei der Personenunvereinbarkeit betrifft der Konflikt die Beziehungsebene, die durch die Dimensionen „sympathisch – unsympathisch" und „gemocht – nicht gemocht" geprägt ist. Ein Konflikt auf der Beziehungsebene kann zwar auch dadurch ausgelöst werden, dass eine Person Voranahmen überträgt, die durch vorherige Erfahrungen mit anderen Menschen entstanden sind, aber sehr häufig werden Konflikte aus anderen Bereichen auf die Beziehungsebene verlagert. Dies geschieht zum Beispiel, wenn der anhaltende Streit dazu führt, dass sich die Partner zutiefst ablehnen.

Psychische Gewalt kann eine Form der unkonstruktiven Konfliktbearbeitung sein, dann nämlich, wenn Konflikte durch offene oder verdeckte Machtmittel, durch Zwang, Drohung, Manipulation seitens der Eltern bearbeitet werden und diese ihre Anliegen, Interessen, Meinungen, Wertsetzungen oder „Wahrheiten" durchsetzen, ohne Rücksicht auf die Position des Kindes zu nehmen. Dies führt nicht zu einer Lösung des inhaltlichen Problems, sondern nur zu einer Verlagerung des Konfliktes auf die Eltern-Kind-Beziehung.

Weitere Aspekte, die Einfluss auf die Gewalt gegen Kinder haben, sind Reaktionen der Familie auf Veränderungen und Stress sowie die Bewältigungsstrategien, die ihr zur Verfügung stehen, um mit diesen Schwierigkeiten umzugehen. Negativ eingeschätzter Stress äußert sich in gefühlsmäßigen Belastungen wie unangenehmen Spannungen, Erregung, Unruhe, Ärger, Ängsten und Enttäuschungen. Familienstress bedeutet „Druck oder Spannung im Familiensystem"[93]. Ein Stress auslösendes Ereignis (Stressor) wird als „... ein auf die Familie einwirkendes Lebensereignis oder Übergangsstadium, das im sozialen System der Familie Veränderung hervorruft bzw. das Potenzial zur Veränderung in sich trägt"[94], definiert.

Eine Veränderung in der Familie kann sich zum Beispiel in verändertem Erziehungsverhalten, in neuen Familienzielen oder in einer neuen Rollenverteilung äußern. Durch diese Stressoren werden die Kompetenzen der Eltern (über-)beansprucht, und das Kind wird dann noch als zusätzlicher Stressfaktor empfunden. Es besteht die Gefahr, dass unter „Druck" stehende Eltern das familiäre Gleichgewicht mit Gewalthandeln wiederherstellen wollen. Stress erhöht das Konfliktpotenzial in einer Familie. Personen, die unter Stress stehen, werden Verhaltenstendenzen anderer eher als störend und somit unvereinbar mit eigenen Bedürfnissen einstufen. Der doppelte Druck von Konflikten und Stress führt leicht zu unkonstruktiven Formen der Konfliktbearbeitung, da diese auf den ersten Blick schnell funktionieren. Gewalt wirkt primär stressabbauend, man wird „Druck" los. Diese „Bewältigungsstrategie" zur Normalisierung des Alltags kommt also nicht nur bei Konflikten, sondern auch bei Familienstress zum Einsatz. Psychische Gewalt wird durch die Eltern als eine Kompetenz erlebt, die zur Kontrollierbarkeit dieser Situationen führt. Die Form der Stressbewältigung hängt in entscheidendem Maße von der subjektiven und situationsabhängigen Definition der Stressoren und von den Ressourcen ab, die einer Familie zur Bewältigung von Problemen zur Verfügung stehen. Stressoren können als Herausforderung oder als Belastung empfunden werden; das wiederum hat einen großen Einfluss auf die angewandten Bewältigungsmechanismen. Die Bewältigungsressourcen[95], die einer Familie zur Verfügung stehen, setzen sich zusammen aus den individuellen Ressourcen einzelner Familienmitglieder (persönlicher Wohlstand, Bildungsniveau, gesundheitliches Wohlergehen und psychische Voraussetzungen wie zum Beispiel ein hohes Selbstwertgefühl, ein geringes Ausmaß an Selbsterniedrigung oder Hilf- und Hoffnungslosigkeit) und den familieninternen Ressourcen, insbesondere dem familiären Zusammenhalt, der familiären Anpassungsfähigkeit sowie der familiären Kommunikations- und Problemlösefähigkeit.

Das soziale Netz – Nachbarn, Freunde, Verwandte und Institutionen –, in das die Familie eingebunden ist, spielt ebenfalls eine entscheidende Rolle bei der Bewältigung von Stress, da hierdurch soziale Unterstützung ermöglicht wird. Dies geschieht durch emotionalen Beistand und Ratschläge, durch tatkräftige Unterstützung in Alltagsproblemen, durch materielle Unterstützung und Verfügbarkeit von Menschen oder Institutionen, die neue Bewältigungsmöglichkeiten erschließen.

Gewalt wird eher bei einem hohen Grad an Stress oder bei mehreren verschiedenen Stressfaktoren eingesetzt. Familien mit geringen Stressbelastungen sind vergleichsweise weniger gewaltgefährdet, wie empirische Arbeiten nachweisen konnten.[96] Zu Stressfaktoren, die im besonderen Maße mit Gewalt in Verbindung gebracht werden, zählen: ein niedriges Familieneinkommen, eine geringe Bildung der Eltern, Arbeitslosigkeit, beengte Wohnverhältnisse, ungewollte Schwangerschaft, Probleme am Arbeitsplatz und in der Familie, Alkohol- oder Drogenkonsum und Trennung oder Scheidung der Eltern. Psychische Gewalt gegen Kinder ist ein Zeichen dafür, dass der Druck des Stresses, der auf die Familie beziehungsweise auf die Eltern wirkt, als belastend erlebt wird, und diese dann den Druck durch den Einsatz von Gewalt als Bewältigungsmaßnahme verringern wollen.

Psychische Gewalt kommt als (dysfunktionale) Bewältigungsform von Stress dann zum Einsatz, wenn Eltern keine anderen geeigneten Bewältigungsmöglichkeiten zur Verfügung stehen oder wenn sie diese für ungeeignet halten.

Bewerten Eltern das Verhalten ihres Kindes als einen belastenden Stressor, werden sie entsprechend ihrer vorhandenen Handlungsoptionen auf sein Verhalten reagieren. Einige dieser Bewältigungsmaßnahmen sind jedoch in vielen Situationen für den Erziehungsalltag ungeeignet. So können sich Flucht und Vermeidung als Versuch, sich vor dem „stressigen Kind“ zu schützen, beispielsweise zu der psychischen Gewaltform „Abwesenheit“ entwickeln. Die Eltern sind emotional nicht mehr verfügbar und das Kind empfindet das distanzierende Verhalten als Ablehnung.

Prävention psychischer Gewalt muss demnach sowohl beim Aufbau konstruktiver Kommunikationsstrukturen als auch beim Ausbau geeigneter Stressbewältigungsmaßnahmen im Erziehungsalltag und im Abbau von familienbelastenden Stressoren ansetzen.

5 Auswirkungen psychischer Gewalt auf das Kind

Das Erleben psychischer Gewalt im Erziehungsalltag kann das Kind massiv beeinträchtigen. Entscheidend für die Auswirkungen sind die Intensität der Gewalt, der Entwicklungsstand des Kindes und die Ressourcen, die einem Kind zur Bewältigung von Belastungen zur Verfügung stehen. Gewalt im Erziehungsalltag hat eine doppelt negative Auswirkung: Sie belastet das Kind und nimmt ihm gleichzeitig die Ressourcen, um mit dieser Belastung klarzukommen. Zu den familiären und sozialen Risikofaktoren der kindlichen Entwicklung zählen Konflikte der Eltern, Uneinigkeit in der Erziehung, ein inkonsequentes oder vorwiegend strafendes Erziehungsverhalten, Gewalt und Misshandlung in der Familie, eine sehr junge Elternschaft (vor dem 18. Lebensjahr) und ein niedriger sozioökonomischer Status.[97] Psychische Widerstandsfähigkeit, die es ermöglicht, mit negativen Folgen von Stress und ungünstigen Lebensumständen unbeschadet umzugehen, wird bei Kindern durch folgende Faktoren gefördert: ein anregendes Erziehungsklima, ein günstiges Temperament (vitalschwach oder vitalstark), gute Problemlösefähigkeiten, ein positives Selbstwertgefühl, eine emotional sichere Bindung zu wenigstens einer Bezugsperson, soziale Unterstützung in der Familie und eine eindeutige Wertorientierung.

Es liegt der Schluss nahe, dass Kinder, die häufig mit Gewalt konfrontiert werden, wesentlich schlechter mit belastenden Lebensumständen umgehen können und eher körperliche und psychische Symptome entwickeln. Psychische Gewalt verhindert oder verringert nicht nur ein positives Selbstwertgefühl, sondern auch eine gute, stützende Beziehung und ein anregendes Erziehungsklima, sie zeigt dem Kind keine konstruktiven Problemlösungsstrategien auf. Eltern, die psychische Gewalt anwenden, beeinträchtigen nicht nur die Beziehung zwischen sich und dem Kind, sondern schädigen vor allem das Selbstbild des Kindes. Denn das Kind ist vom Urteil und den Botschaften seiner Eltern, die diese ihm hinsichtlich seines Selbstwerts übermitteln, abhängig. Schulz von Thun stellt in seiner Arbeit

über die Ebenen der Kommunikation und Interaktion dar, wie sehr das Kind für eine gesunde Entwicklung seiner Ich-Identität auf positive Botschaften der Eltern angewiesen ist.[98] Enthalten diese Botschaften vorwiegend negative Beurteilungen, wird es diese früher oder später in sein Selbstkonzept aufnehmen und sich selbst für schlecht, unzulänglich, dumm, unfähig oder hässlich halten und sich dementsprechend verhalten. Es entwickelt ein negatives Selbstwertgefühl. Dies ist ein entscheidender Aspekt, der mit dazu beiträgt, dass Kinder, die psychischer Gewalt ausgesetzt sind, im Blick auf Verhaltensauffälligkeiten und -störungen gefährdeter sind. Es wird darauf hingewiesen, dass die Auswirkungen umso gravierender sind, je jünger das betroffene Kind ist.[99] Zu diesen psychischen Störungen können gezählt werden[100]: Niedergeschlagenheit, Depression, Passivität und Freudlosigkeit, Gefühle der Hilflosigkeit und des Kontrollverlustes, externale Kontrollüberzeugungen, Verhaltensprobleme wie zum Beispiel Wutanfälle, Delinquenz, Enuresis/Bettnässen; soziale Kontaktstörungen wie zum Beispiel Misstrauen, gehemmtes Verhalten, Schüchternheit, unsichere Bindungsmuster; Schulprobleme wie zum Beispiel geringe Frustrationstoleranz, Eigensinn, geringer Ehrgeiz, aggressives und autoaggressives Verhalten; psychosomatische Beschwerden wie zum Beispiel Schlafstörungen, Migräne, Essstörungen; psychiatrische Auffälligkeiten wie zum Beispiel Zwangsstörungen, Persönlichkeitsstörungen, Suchterkrankungen.
Die Klinik für Psychiatrie und Psychotherapie des Kindes- und Jugendalters im Universitätsklinikum Frankfurt[101] gibt als häufigste Umfeldeinwirkungen, die bei behandelten Kindern mit aggressivem Verhalten vorkommen, folgende Kategorien der von Kindern erlebten abnormen Situationen an:

- Mangel an Wärme in der Eltern-Kind-Beziehung (47 %),
- unzureichende elterliche Aufsicht und Steuerung (39 %),
- feindliche Ablehnung, Sündenbockzuweisung durch die Eltern (27 %),
- Erziehung, die eine unzureichende Erfahrung vermittelt (21 %),
- feindliche Ablehnung durch Lehrer/Ausbilder (18 %),
- allgemeine Unruhe in der Schule (13 %),
- körperliche Kindesmisshandlung (9 %).

Man kann also davon ausgehen, dass psychische Gewalt gegen Kinder in der Familie, ebenso wie andere Gewalthandlungen, kein plötzlich auftretendes Ereignis ist, sondern gesellschaftliche, familiäre und persönliche Hintergründe hat. Gewalt und Vernachlässigung sind nicht Ursache, sondern Ausdruck einer Störung des einzelnen Menschen, seiner sozialen Beziehungen oder des ganzen Familien- und Gesellschaftssystems. Es sind also meist verschiedene Faktoren, deren Zusammenspiel Gewalt gegen Kinder erzeugt.

So spielen auch fortbestehende, unbefriedigte kindliche Bedürfnisse der Eltern bei der Entstehung von Gewalt in der Familie eine wesentliche Rolle. Das Kind wird von den Eltern damit „beauftragt", diesem Mangel abzuhelfen. Es soll dem Leben der Eltern Sinn geben und für Demütigungen und Enttäuschungen entschädigen. Das Kind wird von den Eltern als narzisstisches Objekt besetzt, wenn diese auf der Suche nach narzisstischer Befriedigung, nach Geltung, Macht, Liebe und Ansehen, sind. „Narzissmus als Antrieb nach erhöhter Selbstbestätigung ist jedenfalls auf weite Strecken hin aus der Motivation begreifbar, Mangelzustände des Selbst auszugleichen."[102]

Für das Kind bedeutet dies, dass die Eltern es nicht als „Zentrum seiner eigenen Aktivitäten"[103] erleben, sondern als einen Teil von sich. Es kommt zu einer sogenannten fusionär-narzisstischen Beziehung zwischen Eltern und Kind. Das Kind wird aufgrund seiner an die Bezugsperson angepassten Verhaltensweisen geliebt, nicht um seiner Person willen. Ihm wird seine eigene Subjektivität abgesprochen. Bereits dies bedeutet für das Kind, dass seine individuellen emotionalen Bedürfnisse von dem narzisstischen Elternteil nicht genügend wahrgenommen werden. Besonders gefährdet durch Gewalt ist das Kind dann, wenn es sich nicht so verhält, dass es den kompensatorischen Größen- und Fusionsvorstellungen des Elternteils entspricht, denn dies löst Enttäuschung oder Wutgefühle bei diesem aus: „Rachedurst, das Bedürfnis, ein Unrecht zu korrigieren, eine Beleidigung, mit welchen Mitteln auch immer, auszumerzen, ein unerbittliches und tief eingewurzeltes, durch Verbitterung getragenes Bedürfnis bei der Verfolgung dieser Ziele, kennzeichnet die narzisstische Wut."[104] Je abhängiger das

Selbstwertgefühl des Elternteils von dem Verhalten des Kindes ist, desto gefährdeter ist das Kind, (psychischer) Gewalt ausgesetzt zu werden. Die Gewalt wird als „Erziehungs"-maßnahme zur Erzwingung des gewünschten Verhaltens eingesetzt. In den meisten Fällen geschieht dies unbewusst, ohne dass den Eltern in diesem Zusammenhang klar ist, weshalb ihnen das geforderte Verhalten so wichtig ist.
Aus Alice Millers Sicht besteht ein Teufelskreis: Die Verletzungen und Demütigungen, die den Eltern in ihrer Kindheit angetan wurden, rächen sich wiederum an ihren Kindern.[105] Allerdings stehen dieser Sichtweise ausreichende Belege gegenüber, die zeigen, dass auch Personen mit belastenden Kindheitserfahrungen dem eigenen Kind durchaus ein förderndes, verlässliches Zuhause bieten können.[106] Erfahrungen von Gewalt in der Kindheit eröffnen eine Entwicklung, deren Richtung nicht automatisch festgelegt ist. Es kommt in starkem Maße auf die Offenheit der Person an, inwiefern alte Erfahrungen durch neue, möglichst positive Erlebnisse kompensiert werden können, die das Selbstwertgefühl steigern. Nicht die Kindheitserfahrungen der Eltern, sondern die – möglicherweise daraus resultierende – fehlende Offenheit begünstigt die (psychische) Gewalt gegen Kinder. „Offene" Eltern haben die Möglichkeit, auch offen mit ihren Problemen umzugehen und diese nicht auf die Kinder zu übertragen. Diese These wird auch von Reinhard und Anne-Marie Tausch gestützt, die darauf hinweisen, dass ein selbstbestimmtes verantwortliches Handeln dadurch gefördert wird, dass sich die Menschen mit ihren Erfahrungen, ihrem Erleben und ihrem Verhalten auseinandersetzen. Dadurch kann es zur Korrektur, Klärung oder Bestätigung ihres Handelns oder ihrer Wertungen kommen.[107] Offenheit ermöglicht neue und somit auch viele gute Erfahrungen und vermag auf diesem Wege Kindheitstraumata teilweise auszugleichen. Ferner erleichtert sie die Auseinandersetzung mit dem Thema Gewalt und kann Eltern bewusst einen anderen Weg einschlagen lassen: „Die Ergebnisse der Bindungsforschung zeigen (...), dass die Art und Weise, wie die eigene Bindungsgeschichte beim Erwachsenen psychisch repräsentiert ist, das heißt wie offen, unbefangen und differenziert er sich damit auseinandersetzen kann beziehungsweise welches Maß an Konflikthaftigkeit, Ab-

wehr, Idealisierung und Verdrängung dabei im Spiel ist, von großer prognostischer Bedeutung dafür ist, ob sich eine harmonische und befriedigende Beziehung zum eigenen Kind entwickeln kann."[108]

Im Hinblick auf diese Faktoren scheint es darum besonders wichtig, im Zusammenhang mit der Frage nach der Qualität von Präventionsmaßnahmen darauf hinzuweisen, wie bedeutungsvoll die Möglichkeit zur Selbsterkenntnis und Selbsterfahrung für Eltern gerade auch im Hinblick auf deren eigene Bindungsgeschichte ist.

6 Mut zur Erziehung und Mut zu Fehlern – Eltern können und sollen nicht „perfekt“ sein!

In Einzelberatungen und Supervisionen gibt es oft Situationen, in denen Eltern oder Erziehende von scheinbar ausweglosen Erziehungssituationen berichten und mich inständig bitten, ihnen als Expertin zu sagen, wie sie sich „richtig“ verhalten sollen. Sie wünschen sich klare Anweisungen und wirksame Rezepte. Anfangs ist die Irritation groß, wenn ich den Eltern sage, dass es DIE Erziehung ebenso wenig gibt wie DIE eine perfekte Lösung für das Erziehungsproblem. So fragte eine Mutter verunsichert: „Soll ich mein Kind, wenn es nicht durchschläft, schreien lassen, soll ich es in mein Bett nehmen, soll ich es ins Auto setzen und mit ihm durch die Nacht fahren, soll ich mich neben sein Bett setzen und singen, soll ich es demnächst früher oder etwas später ins Bett bringen, soll ich ihm etwas zu essen oder zu trinken geben? Alle diese unterschiedlichen Ratschläge aus Büchern oder von Freunden, Schwiegereltern und Omas habe ich der Reihe nach ausprobiert. Aber geholfen haben sie bisher alle nicht.“
Wie wäre es, wenn die Mutter mutiger zu ihren eigenen Beobachtungen stünde? Längst hat sie ihr Kind, die Situation, sich selbst genau wahrgenommen, nachgespürt, mit anderen Bezugspersonen überlegt, was sich in der Alltagsstruktur des Kindes verändert haben könnte, was am Tag vorher war, in welcher (psychischen und physischen) Verfassung das Kind ist, aber auch, in welcher Verfassung die anderen Familienmitglieder sind oder sie selbst sich befindet – ein solcher Dreischritt von „Beobachten-Beachten-Achten“ entspräche der zweiten Säule „Achtung“. Mit Hilfe von Fragen, Wahrnehmung und gemeinsamer Analyse kommen Mütter und Väter fast immer selbst zu einer (ihrer eigenen!) Antwort und einer guten Lösung. Eine solche Wahrnehmung, wenn sie ein wenig geübt wird, bringt es fast zwangsläufig mit sich, dass die Einstellungen zum Erziehen, zu sich als Erziehendem und zum Kind sich ändern und dadurch eine Offenheit ent-

steht, in der immer wieder neue Möglichkeiten, Überraschungen und individuelle Bewältigungsmöglichkeiten entdeckt werden.

Eltern und Erziehende tragen ein „geheimes Wissen“ in sich, wagen aber oft nicht es umzusetzen, weil sie glauben, ihren Gefühlen nicht trauen zu können oder weil schon viele andere Menschen oder Ratgeber eine Antwort gegeben haben, die mit ihrer nicht übereinstimmt. Oft haben sie auch Angst, etwas falsch zu machen und sind schon aus diesem Grund ihrer eigenen „intuitiven Elternkraft“ (Mechthild Papousek) gegenüber skeptisch.

Schauen wir uns die Realität des Erziehungsalltags an, so ist zu beobachten, dass selbst eine Erziehung, die sich vorwiegend durch entwicklungsförderndes Verhalten auszeichnet, immer wieder auch entwicklungshemmende Elemente enthält. Umgekehrt kann es in einem vorwiegend entwicklungshemmenden Erziehungsverhalten auch Momente von Schutz und Zuwendung oder Struktur geben.

Eltern sind keine Erziehungsroboter! Der idealtypische Blick auf Erziehung, der einerseits Visionen von einer „guten Erziehung“ eröffnet, kann Eltern und Erzieher andererseits maßlos überfordern. Selbstkritisch stellen entwicklungsfördernde Eltern fest, dass auch sie ihr Kind hin und wieder demütigen, ungeduldig werden oder explodieren. Manchmal rutscht vielleicht sogar die Hand aus, und die Eltern haben ein schlechtes Gewissen. Gerade Eltern, die bewusst erziehen und sich ihrer Verantwortung stellen, verzweifeln oft angesichts ihrer eigenen Unzulänglichkeiten, zumal wenn sie in zahlreichen Erziehungsratgebern Empfehlungen und Rezepte erhalten, die sie befolgen wollen. Stress, der sich so entwickelt, wirkt sich auf die Gesamtatmosphäre ungünstig aus.

Eine Erziehung, die auf dem Fundament einer annehmenden Haltung steht und von fünf entwicklungsfördernden Säulen getragen wird, ist dann kein idealtypisches Modell mehr, wenn auch die entwicklungshemmenden Dimensionen sozusagen als „Schatten- oder Hintergrundsäulen“ als zum Erziehungsprozess zugehörig akzeptiert werden, und wenn zugleich die Vision erhalten bleibt, entwicklungsförderndes Verhalten „maximieren“ und entwicklungshemmendes „reduzieren“ zu wollen. Mir ist es wichtig, darauf hinzuweisen, dass Fehler und Schwächen in den Erziehungsbemühungen dann anders zu bewerten sind und sich in ihrer Wirkung relativieren, wenn sie nicht die tragenden Säulen des Erziehungsgebäudes sind und wenn sie neben den entwicklungsfördernden Säulen auf dem Fundament eines eindeutigen Ja zum Kind stehen.

Das *realistische Modell* der fünf Säulen einer entwicklungsfördernden Erziehung rechnet demnach immer auch mit entwicklungshemmenden Aktionen im Erziehungsalltag, bezieht sie ein, lässt sie gelten und verweist einerseits auf die Selbstreflexion der Eltern und andererseits auf den Selbstentfaltungswillen des Kindes, der sich mitunter auch als Widerstand zeigen kann. Eltern dürfen Fehler machen!

Der Mut zum Fragmentarischen kann eine Mutter nachsichtiger im Umgang mit den Fehlern des Kindes machen. Die Akzeptanz der eigenen Ungeduld, kombiniert mit der aufrichtig gemeinten Bitte um Verzeihung, kann einen Vater in den Augen des Kindes näher rücken lassen und liebenswerter machen.

Was geschieht eigentlich, wenn der Vater das Kind um Verzeihung bittet oder die Mutter das Kind mit den Worten tröstet, auch wenn sie momentan selbst noch nicht daran glauben kann: „Alles wird gut"? Eine angespannte, aufgeladene Situation wirkt nach einer Bitte um Verzeihung leichter. Die Liebe zum Leben und ein kosmisches Urvertrauen übertragen sich auf ein Kind ebenso wie Lebensangst und die daraus resultierende Haltung, alles selbst „machen und kontrollieren" zu wollen. Die Wirkkraft der Phänomene, die durch transpersonale Kräfte, Energien und Atmosphären leben, nenne ich in diesem Zusammenhang „Spiritualität". Die Wirkung in der Erziehung ist nicht für Glaubende oder Eingeweihte erfahrbar, sondern lässt sich in Alltagsphänomenen nachweisen. Vergebung ist eine solche Wirkkraft, Hoffnung und Vertrauen ins Leben ebenso. Mit diesen Kräften zu rechnen, ja ihnen Raum zu geben, sich entfalten zu können, kann das Loslassen in der Erziehung erleichtern. Das kann ebenso entlastend sein, wie das Wissen darum, dass neben der wichtigen Erziehung im Elternhaus noch andere Personen, Institutionen und der Selbstentfaltungswille des Kindes vieles von dem ergänzen oder ausgleichen können, was den Eltern nicht gelungen ist.

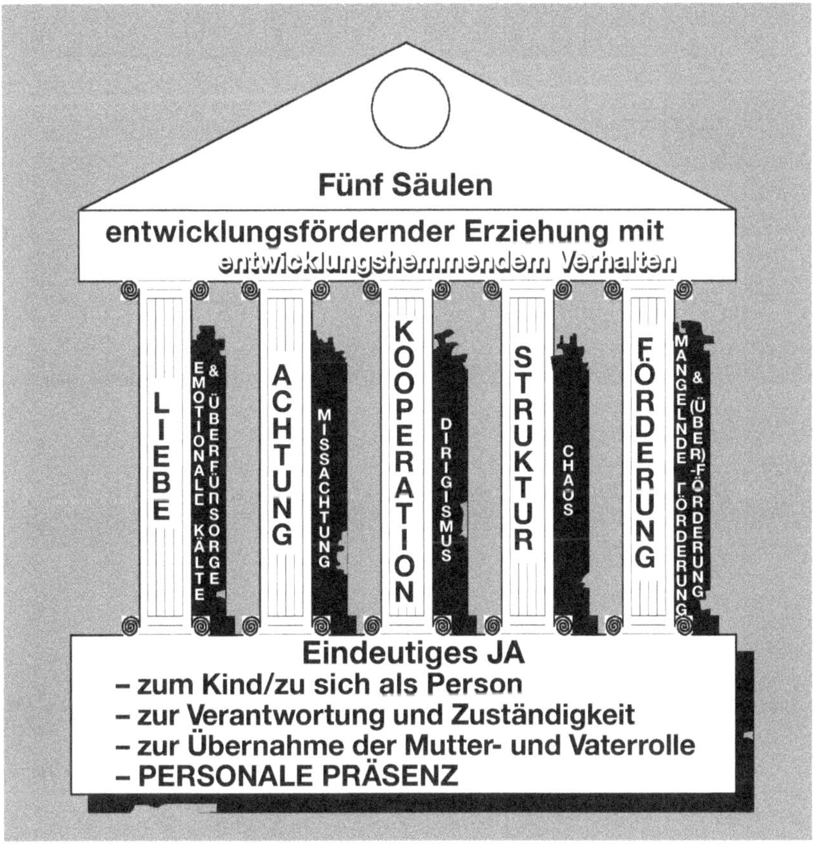

Abbildung: Sigrid Tschöpe-Scheffler

Genaue Wahrnehmung im Hinblick auf das Kind, auf sich selbst, die Situation und die Phänomene des Alltags aber sind nicht nur die Grundvoraussetzung jeder Pädagogik, sondern die Grundlage für eigenverantwortliches und gelungenes Lebens überhaupt.

„Sei du selbst – suche deinen eigenen Weg. Lerne dich selbst kennen, ehe du Kinder zu erkennen trachtest. Mache dir klar, wo deine Fähigkeiten liegen, ehe du anfängst, den Kindern den Bereich ihrer Rechte und Pflichten abzustecken. Unter ihnen allen bist du selbst dein Kind, das du vor allem kennen lernen, erziehen und formen musst."[109] Der polnische Arzt und Pädagoge Janusz Korczak wurde nicht müde, darauf hinzuweisen, dass Erziehung vor allen Dingen Selbsterziehung und Selbstreflexion bedeutet und es nicht darauf ankommt, keine Fehler zu machen, sondern sie zu erkennen und sich dafür zu entschuldigen beziehungsweise sie zu korrigieren – jeden Tag wieder neu.

Literatur

AEEB-Landesstelle: Elternkurs: auf eigenen Beinen stehen, München 2009

Bandura, Albert: Self-efficacy in Changing Societies, Cambridge 1997

Beck, Ulrich: Weltrisikogesellschaft. Auf der Suche nach der verlorenen Sicherheit, Berlin 2008

Beck, Ulrich/Beck-Gernsheim, Elisabeth (Hrsg.): Riskante Freiheiten, Frankfurt 1994

Beiner, Friedhelm (Hrsg.): Janusz Korczak – Pädagogik der Achtung, Heinsberg 1987

Bergmann, Wolfgang: Warum unsere Kinder ein Glück sind, München 2009

Blum-Maurice, Renate: Gewalt gegen Kinder als gesellschaftliches Problem, in: Aus Politik und Zeitgeschichte, Heft 40, 1990

Bowlby, John: Bindung. Eine Analyse der Mutter-Kind-Beziehung, Frankfurt 1980

Bowlby, John: Frühe Bindung und kindliche Entwicklung, 6. Auflage, München 2010

Brazelton, T. Berry, Greenspan, Stanley, I.: Die sieben Grundbedürfnisse von Kindern, Weinheim 2002

Brezinka, Wolfgang: Erziehungsbegriffe, in Roth, L. (Hrsg.): Handlexikon zur Erziehungswissenschaft, München 1976

Brisch, Karl H.: Safe – Sichere Ausbildung für Eltern. Sichere Bindung zwischen Eltern und Kind, Stuttgart 2010

Bueb, Bernhard: Lob der Disziplin. Eine Streitschrift, Berlin 2008

Bundesministerium für Familie, Senioren, Frauen und Jugend: Zehnter Kinder- und Jugendbericht, Bonn 1998

Bundesministerium für Familie, Senioren, Frauen und Jugend in Zusammenarbeit mit dem Kinderschutzzentrum Berlin: Kindesmisshandlung. Erkennen und Helfen, 8. Aufl., Berlin 2000

Bundesministerium für Familie, Senioren, Frauen und Jugend: Informationsbroschüre zur gewaltfreien Erziehung. Das Aktionsprogramm der Bundesregierung zur Ächtung der Gewalt in der Erziehung, Bonn 2000

Bundesministerium für Familie, Senioren, Frauen und Jugend: Worte vergehen, der Schmerz bleibt. Informationsbroschüre zur gewaltfreien Erziehung, Berlin 2000

Bundesministerium für Familie, Senioren, Frauen und Jugend: Gesetz zur Stärkung eines aktiven Schutzes von Kindern und Jugendlichen, Bundeskinderschutzgesetz BKiSchG www.dijuf.de/documents/BMFSFJ_RefE_BKiSchG_Gesetzestext_2010.12.23.pdf Stand 22. 12. 2010

Bundesministerium für Familie, Senioren, Frauen und Jugend: Zwölfter Kinder- und Jugendbericht, Köln: Bundesanzeiger Verlagsgesellschaft mbH 2005

Bundesministerium für Familie, Senioren, Frauen und Jugend: Dreizehnter Kinder- und Jugendbericht, Köln: Bundesanzeiger Verlagsgesellschaft mbH 2009

Bundesministerium für Familie, Senioren, Frauen und Jugend: Monitor Familienforschung, Ausgabe 7: Werteorientierte Erziehung in Deutschland, www.bmfsfj.de, Berlin 2006

Chua, Amy: Die Mutter des Erfolgs. Wie ich meinen Kindern das Siegen beibrachte, Zürich 2011

Dauzenroth, Erich/Hampel, Adolf: Einlassung mit Korczak, in: Korczak, Janusz: Von Kindern und anderen Vorbildern, Gütersloh 1979

Deegener, Günther: Die Würde des Kindes. Plädoyer für eine Erziehung ohne Gewalt, Weinheim 2000

Deutsche Shell (Hrsg.): Jugend 2006, Frankfurt am Main 2006

Deutscher Bundestag: Gesetzentwurf, Entwurf eines Gesetzes zur Ächtung der Gewalt in der Erziehung. Drucksache 14/1247, Bonn 1999

Deutscher Kinderschutzbund (DKSB) Bundesverband e. V. (Hrsg.): Argumente für eine gewaltfreie Erziehung, Hannover 1998

Deutscher Kinderschutzbund (DKSB) Bundesverband e. V. (Hrsg.): Hilfe statt Gewalt, Hannover, 6. Aufl. 1998

Deutsches Jugendinstitut: Familien-Survey, München 1991

Dokumentation der Enqueten „Psychische Gewalt am Kind“, in: Bundesministerium für soziale Sicherheit und Generationen, 1. Auflage Dez. 2001

Edelstein, Wolfgang: Entwicklungskrisen kompetent meistern, Heidelberg 1995

Elschenbroich, Donata: Weltwissen der Siebenjährigen. Wie Kinder die Welt entdecken können, München 2001

Erikson, Erik H.: Identität und Lebenszyklus, Frankfurt, 7. Aufl. 1981

von Festenberg, N., Gatterburg, A., Knöfel, U., Steinbach, A.: Kinder in der Pubertät – hilft elterliche Strenge gegen die Gefährdungen des Alltags, in: Der Spiegel, Nr. 22, 2001

Fietkau, Hans-Joachim/Görlitz, Dieter (Hrsg.): Umwelt und Alltag in der Psychologie, Weinheim 1981

Flitner, Andreas: Konrad, sprach die Frau Mama …, München, 9. Aufl. 1990

Fthenakis,Wassilios E.: Bildungsangebote für Familien, (BFB-Programm, Online-Familienhandbuch), in: www.fthenakis.de/pro_familienhandbuch.html

Fthenakis, Wassilios E.: Bildungsangebote für Familie, Online Familienhandbuch, in: http://www.fthenakis.de/cms/Projekt_Familienhandbuch.pdf, Zugriff 5. März 2011

Fthenakis, Wassilios E./Textor, Martin R.: Mutterschaft, Vaterschaft, München 2002

Funk, Sabine/Schmitt, Alain: Gewaltbericht. Zwischen Alltäglichkeit und Sensation – die Darstellung innerfamiliärer Gewalt gegen Kinder und Jugendliche in den österreichischen Printmedien, Wien 2001

Gaschke, Susanne: Die Erziehungskatastrophe. Kinder brauchen starke Eltern, München 2001

Gerster, Petra/Nürnberger, Christian: Der Erziehungsnotstand. Wie wir die Zukunft unserer Kinder retten, Berlin 2001

Gerspach, Manfred: Einführung in pädagogisches Denken und Handeln, Stuttgart 2000

Geuter, Ulfried: Bindungsfähigkeit: Gut gerüstet für die Zukunft, in: Psychologie heute, Juni 2001

Gewaltbericht des Bundesministeriums für soziale Sicherheit und Generation, Teil 1: Grundlagen zu Gewalt in der Familie, Wien 2001

Gewaltbericht des Bundesministeriums für soziale Sicherheit und Generationen Teil 2: Gewalt gegen Kinder, Wien 2001

Göppel, Ralf: Eltern, Kinder und Konflikte, Köln 1998

GP Forschungsgruppe: Zwölf Neusser Thesen zur Bildungspolitik 2002 in: http://www.gp-f.com/de/pdf/neus_the.pdf

Gudjons, Herbert: Pädagogisches Grundwissen, Bad Heilbrunn 1993

Harris, Thomas A.: Ich bin o. k. Du bist o. k. – Eine Einführung in die Transaktionsanalyse, Berlin 1975

Hierdeis, Helmwart/Hug, Theo: Pädagogische Alltagstheorien und erziehungswissenschaftliche Theorien, Bad Heilbrunn 1997

Hofer, Manfred, u. a.: Familienbeziehungen. Eltern und Kinder in der Entwicklung, Göttingen 1992

Honig, Michael-Sebastian: Verhäuslichte Gewalt: sozialer Konflikt, wissenschaftliche Konstrukte, Alltagswissen, Handlungssituationen. Eine Explorationsstudie über Gewalthandeln von Familien, Frankfurt 1986

Honkanen-Schoberth, Paula: Starke Kinder brauchen starke Eltern, Berlin 2002

Hurrelmann, Klaus/Palentien, Christian: Gewalt als soziale Krankheit der Gesellschaft, in: Hurrelmann, Klaus (Hrsg.): Anti-Gewalt-Report. Handeln gegen Aggressionen in Familie, Schule und Freizeit, Weinheim 1995

Interdisziplinäre Studiengesellschaft e. V.: Neusser Thesen zur Bildungspolitik, Neuss 2002

Juul, Jesper u. a.: Vom Gehorsam zur Verantwortung, München, 3. Auflage 2009
Keupp, Heiner/Höfer, Renate: Identitätsarbeit heute, Frankfurt 1997
Knapp, Guntram: Narzissmus und Primärbeziehung, Berlin 1988
Kodjoe, Ursula/Koeppel, Peter: Parental Alienation Syndrome, in: Der Amtsvormund, Deutsches Institut für Vormundschaftswesen e. V., Nr. 1, Heidelberg 1998
Korczak, Janusz: Das Recht des Kindes auf Achtung, Göttingen 1973
Korczak, Janusz: Verteidigt die Kinder, Gütersloh, 3. Aufl. 1987
Korczak, Janusz: Von Kindern und anderen Vorbildern, Gütersloh 1979
Korczak, Janusz: Wie man ein Kind lieben soll, Göttingen 1967
Korczak, Janusz: Sämtliche Werke, Band I, Kinder der Straße, Kind des Salons, bearbeitet von Beiner, Friedhelm/Dauzenroth, Erich, Gütersloh 1996
Korczak, Janusz: Sämtliche Werke, Band IV, Wie liebt man ein Kind; Erziehungsmomente; Das Recht des Kindes auf Achtung; Fröhliche Pädagogik, bearbeitet und kommentiert von Beiner, Friedhelm; Ungermann, Silvia, Gütersloh 1999
Krohne, Heinz W./Hock, Michael: Elterliche Erziehung und Angstentwicklung des Kindes, Bern 1994
Lippitz, Wilfried/Meyer-Drawe, Käte: Kind und Welt. Phänomenologische Studien zur Pädagogik, Königstein/Ts. 1984
Ludmann, Olaf: Gewalt gegen Kinder, Gießen 1996
Marefka, Manfred (Hrsg.): Handbuch der Kindheitsforschung, Neuwied 1993
Mattes, W. u. a.: TEAM 7, Arbeitsbuch für Politik und Wirtschaft, Realschule Hessen, Braunschweig, Paderborn, Darmstadt 2009, S. 54f
Mollenhauer, Klaus: Vergessene Zusammenhänge. Über Kultur und Erziehung, München 1983
Müller-Fohrbrodt, Giesela: Konflikte konstruktiv bearbeiten lernen, Opladen 1999
Nohl, Hermann: Die pädagogische Bewegung in Deutschland und ihre Theorie, Frankfurt, 2. Aufl. 1935
Oerter, Rolf/Montada, Leo: Entwicklungspsychologie, Weinheim 1995
Parfy, E./Redtenbacher, H./Sigmund, R./Schoberberger, R./Butschek, Ch. (Hrsg.): Bindung und Interaktion, Dimensionen der professionellen Beziehungsgestaltung, Wien 2000
Pestalozzi, Johann Heinrich: Mutter und Kind, hrsg. von Lohner, H., Zürich, Leipzig 1924
Pestalozzi, Johann Heinrich: Sämtliche Werke. Kritische Ausgabe, begründet von Buchenau, A., Spranger, E., Stettbacher, H., Bd. XIII, Berlin 1972
Pestalozzi, Johann Heinrich: Wie Gertrud ihre Kinder lehrt, hrsg. von Reble, A., Bad Heilbrunn 1982

Petermann, Franz (Hrsg.): Lehrbuch der klinischen Kinderpsychologie und -psychiatrie, Göttingen 2000

Petri, Horst: Erziehungsgewalt. Zum Verhältnis von persönlicher und gesellschaftlicher Gewaltausübung in der Erziehung, Frankfurt 1989

Petzold, Matthias: Entwicklung und Erziehung in der Familie, Baltsmannsweil 1999

Richter, Horst-Eberhard: Der Gotteskomplex. Die Geburt und die Krise des Glaubens an die Allmacht des Menschen. Gießen 2005 (Neuausgabe der Ausgabe von 1979)

Satir, Virginia: Selbstwert und Kommunikation, Stuttgart 2000

Schneewind, Klaus A./Herrmann, T. (Hrsg.): Erziehungsstilforschung. Theorien, Methoden und Anwendung der Psychologie elterlichen Erziehungsverhaltens, Bern 1993

Schone, Reinhold: Kinder in Not, Münster 1997

Schopp, Johannes: Eltern stärken. Die Dialogische Haltung in Seminar und Beratung. 3. Aufl., Opladen 2010

Schulz von Thun, Friedmann: Miteinander reden. Band 1–3, Hamburg 2001

Schwarzer, Ralf: Entwicklungskrisen durch Selbstregulation meistern, in: Edelstein, W.: Entwicklungskrisen kompetent meistern, Heidelberg 1995

Seraphisches Liebeswerk der Kapuziner: Pädagogisches Konzept für das Leben im Internat des Elisabethinums, http://www.slw.at/data/files/SLW%20Paed_Konzept_print-41.pdf, Zugriff März 2011, S. 7–8,18–20

Steinkühler, Linda: Das Recht des Kindes auf gewaltfreie Erziehung und dessen Auswirkung auf sozialpädagogische Handlungsfelder, unveröffentlichte Diplomarbeit, Fachhochschule Köln 2002

Tausch, Reinhardt/Tausch, Anne-Marie: Erziehungspsychologie, Göttingen 11. Auflage 1998

Trube-Becker, Elisabeth: Kindesmisshandlung als soziales Problem, in: Retzlaff, Ingeborg (Hrsg.): Gewalt gegen Kinder. Misshandlung und sexueller Missbrauch Minderjähriger, Neckarsulm 1998

Tschöpe-Scheffler, Sigrid: Liebe und ihre Bedeutung für die Erziehung in der Pädagogik Johann Heinrich Pestalozzis und Janusz Korczaks, Frankfurt 1990

Tschöpe-Scheffler, Sigrid: Pestalozzi – Leben und Werk im Zeichen der Liebe. „Versuchet die Liebe, die Eure Pflicht ist“, Neuwied 1996

Tschöpe-Scheffler, Sigrid: Kinder brauchen Wurzeln und Flügel. Erziehung zwischen Bindung und Autonomie, Mainz, 2. Aufl. 2002

Tschöpe-Scheffler, Sigrid/Kaminski, Winfred (Hrsg.): Janusz Korczak und die Kinderrechte – gestern, heute, morgen, Köln 2002

Tschöpe-Scheffler, Sigrid/Niermann, Jochen: Forschungsbericht, Evaluation des Elternkurskonzepts „Starke Eltern – Starke Kinder®" des Deutschen Kinderschutzbundes, Bundesverband e. V., Fachhochschule Köln 2002

Tschöpe-Scheffler, Sigrid: Elternkurse auf dem Prüfstand. Wie Erziehung wieder Freude macht, Opladen 2003

Tschöpe-Scheffler, Sigrid: Konzepte der Elternbildung – eine Kritische Übersicht. Opladen 2006

Tschöpe-Scheffler, Sigrid: Perfekte Eltern und funktionierende Kinder? Vom Mythos der „richtigen" Erziehung, Opladen 2006

Tschöpe-Scheffler, Sigrid: Eltern-Stärken-Test, auf der Grundlage der Fünf Säulen der Erziehung, Leverkusen 2007

Tschöpe-Scheffler, Sigrid/Tschöpe, Helmut: Alltagsspiritualität in Familie und Erziehung (Arbeitstitel), in Vorbereitung, erscheint im Sommer 2012

Wahl, Klaus u. a.: Helfen „Super Nanny" und Co.? Ratlose Eltern – Herausforderung für die Elternbildung, Weinheim und Basel 2006

Winterhoff, Michael: Warum unsere Kinder Tyrannen werden, München 2009

Zedam, Sineb: Humor als sechste Säule der Erziehung, unveröffentlichte Bachelor-Thesis. Katho Köln 2009

Internetseiten

http://www.kinderprojekte.de/kinderprotest/0007.html
www.kiga-news.de
www.Mehr-Respekt-vor-Kindern.de
www.menschenskinder-ev.de

Anmerkungen

[1] Mattes, W., u. a.: TEAM 7, Arbeitsbuch für Politik und Wirtschaft, Realschule Hessen, Braunschweig, Paderborn, Darmstadt 2009, S. 54

[2] Strichau, D., AEEB-Landesstelle: Ich bin so frei – wenn Kinder flügge werden. Elternkurs auf eigenen Beinen stehen, München 2009; Schopp, J.: Eltern Stärken. Die Dialogische Haltung in Seminar und Beratung. 3. Aufl., Opladen 2010

[3] Seraphisches Liebeswerk der Kapuziner: Pädagogisches Konzept für das Leben im Internat des Elisabethinums, http://www.slw.at/data/files/SLW%20Paed_Konzept_print-41.pdf, Zugriff März 2011, S. 7–8,18–20

[4] Zedam, Z.: Humor als sechste Säule der Erziehung, unveröffentlichte Bachelor-Thesis. Katho Köln 2009

[5] Tschöpe-Scheffler, S.: Eltern-Stärken-Test, auf der Grundlage der Fünf Säulen der Erziehung, Opladen 2007

[6] Tschöpe-Scheffler, S.: Konzepte der Elternbildung – eine Kritische Übersicht, Opladen 2006

[7] Tschöpe-Scheffler, S./Tschöpe, H.: Alltagsspiritualität in Familie und Erziehung (Arbeitstitel), in Vorbereitung, erscheint im Sommer 2012

[8] Siehe: Tschöpe-Scheffler, S./Niermann, J.: Forschungsbericht: Evaluation des Elternkurskonzepts „Starke Eltern – starke Kinder®" des Deutschen Kinderschutzbundes Bundesverband e. V., Fachhochschule Köln 2002, siehe auch: Tschöpe-Scheffler, S.: Elternkurse auf dem Prüfstand. Wie Erziehung wieder Freude macht, Opladen 2003

[9] Fthenakis, W. E.: Bildungsangebote für Familien, (BFB-Programm, Online-Familienhandbuch), in: www.fthenakis.de/pro_familienhandbuch.html

[10] Gaschke, S.: Die Erziehungskatastrophe, Kinder brauchen starke Eltern, München, 5. Aufl. 2001

[11] Gerster, P./Nürnberger, C.: Der Erziehungsnotstand. Wie wir die Zukunft unserer Kinder retten, Berlin, 2. Aufl. 2001

[12] von Festenberg, N./Gatterburg, A./Knöfel, U./Steinbach, A.: Kinder in der Pubertät – hilft elterliche Strenge gegen die Gefährdungen des Alltags?, in: Der Spiegel, Nr. 22/2001, S. 114–124

[13] TNS Infratest Sozialforschung: Ergebnisse einer repräsentativen Befragung im Auftrag des SPIEGEL, Juli 2005

[14] Am 3. 3. 2009 bei Sandra Maischberger

[15] Am 8. 6. 2009 bei Reinhold Beckmann

[16] Am 9. 2. 2010 bei Sandra Maischberger

[17] Bueb, B.: Lob der Disziplin, München 2008

[18] Winterhoff, M.: Warum unsere Kinder Tyrannen werden, München 2009

[19] Chua, A.: Die Mutter des Erfolgs. Wie ich meinen Kinder das Siegen beibrachte, Zürich 2011

[20] Z. B. Tschöpe-Scheffler, S.: Perfekte Eltern und funktionierende Kinder? Vom Mythos der „richtigen" Erziehung, Opladen 2006; Juul, Jesper u. a.: Vom Gehorsam zur Verantwortung, München, 3. Auflage, 2009; Bergmann, Wolfgang: Warum unsere Kinder ein Glück sind, München 2009

[21] Die Thesen wurden 2002 anlässlich einer Tagung in Neuss „Wege aus der Erziehungs- und Bildungskrise" in einer interdisziplinären Arbeitsgruppe entwickelt: Ernst *von Borries* (Schulleiter), Dr. Dieter *Korczak* (Soziologe), Prof. Dr. Michael-Burkhard *Piorkowsky* (Ökonom), Prof. Dr. Harry *Pross* (Publizist), Dr. Jeannette von *Ratibor* (Betriebswirtin), Dr. Reinhard *Schydlo* (Mediziner), Dr. Gerhard *Süss* (Psychologe), Prof. Dr. Sigrid *Tschöpe-Scheffler* (Sozialpädagogin), in: www.gp-forschungsgruppe.com/de/ak.asp:

[22] Vgl. Beck, U./Beck-Gernsheim, E. (Hrsg.): Riskante Freiheiten, Frankfurt 1994

[23] Keupp, H.: Diskursarena Identität: Lernprozesse in der Identitätsforschung, in: Keupp, H./Höfer, R.: Identitätsarbeit heute, Frankfurt 1997, S. 11

[24] Fthenakis, W. E.: Bildungsangebote für Familien, (BFB-Programm, Online-Familienhandbuch), in: www.fthenakis.de/pro_familienhandbuch.html

[25] Gudjons, H.: Pädagogisches Grundwissen, Bad Heilbrunn 1993, S. 170

[26] Fietkau, H.-J./Görlitz, D. (Hrsg.): Umwelt und Alltag in der Psychologie, Weinheim 1981, S. 60

[27] Vgl. Fietkau, H.-J./Görlitz, D., a. a. O., S. 67f

[28] Hierdeis, H./Hug, T.: Pädagogische Alltagstheorien und erziehungswissenschaftliche Theorien, Bad Heilbrunn 1997, S. 140f

[29] Vgl. Tschöpe-Scheffler, S.: Kinder brauchen Wurzeln und Flügel, Erziehung zwischen Bindung und Autonomie, Mainz 2. Aufl. 2002, S. 60

[30] Schulz von Thun, F.: Miteinander reden, Band 1, Hamburg 2001, S. 26

[31] Vgl. Schulz von Thun, F., a. a. O., S. 189

[32] Bundesministerium für Familie, Senioren, Frauen und Jugend: Informationsbroschüre zur gewaltfreien Erziehung. Das Aktionsprogramm der Bundesregierung zur Ächtung der Gewalt in der Erziehung, Bonn 2000, S. 8

[33] BMFSFJ: Gesetz zur Stärkung eines aktiven Schutzes von Kindern und Jugendlichen Bundeskinderschutzgesetz BKiSchG, www.dijuf.de/documents/BMFSFJ_RefE_BKiSchG_Gesetzestext_2010.12.23.pdf Stand 22.12.2010

[34] Bandura, A.: Self-efficacy. The exercise of control, New York 1994, und Bandura, A.: Self-efficacy, in Changing Societies, Cambridge 1997

[35] Vgl. Tschöpe-Scheffler, S./Niermann, J.: Forschungsbericht – Evaluation des Elternkurskonzepts „Starke Eltern – Starke Kinder®“ des Deutschen Kinderschutzbundes, Bundesverband e. V., Fachhochschule Köln 2002

[36] Nohl, H.: Die pädagogische Bewegung in Deutschland und ihre Theorie, Frankfurt, 2. Aufl. 1935, S. 169

[37] Vgl. Laing, R. D.: Phänomenologie der Erfahrung, Frankfurt 1969

[38] Pestalozzi, J. H.: Mutter und Kind, hrsg. von Lohner, H., Zürich 1924, S. 22, Johann Heinrich Pestalozzi, der von 1746–1827 lebte, spricht im Kontext seiner Zeit in erster Linie die Mutter an. Heute gilt die Formulierung selbstverständlich gleichermaßen für den Vater und für die Hauptbezugspersonen des Kindes.

[39] Tschöpe-Scheffler, S.: Pestalozzi – Leben und Werk im Zeichen der Liebe. „Versuchet die Liebe, die eure Pflicht ist!“, Neuwied 1996, S. 7

[40] Pestalozzi, J. H., a. a. O., S. 24

[41] Pestalozzi, J. H., a. a. O., S. 69

[42] Pestalozzi, J. H., a. a. O., S. 79

[43] Pestalozzi, J. H., a. a. O., S. 79

[44] Pestalozzi, J. H.: Wie Gertrud ihre Kinder lehrt, hrsg. von Reble, A., Bad Heilbrunn 1982, S. 191

[45] Erikson, E. H.: Identität und Lebenszyklus, Frankfurt, 7. Aufl. 1981, S. 72

[46] Erikson, a. a. O., S. 72

[47] Bowlby, J.: Bindung. Eine Analyse der Mutter-Kind-Beziehung, Frankfurt 1980

[48] Parfy, E./Redtenbacher, H./Sigmund, R./Schoberberger, R./Butschek, Ch. (Hrsg.): Bindung und Interaktion, Dimensionen der professionellen Beziehungsgestaltung, Wien 2000, S. 18

[49] Tschöpe-Scheffler, S.: Kinder brauchen Wurzeln und Flügel, Erziehung zwischen Bindung und Autonomie, Mainz, 2. Aufl. 2002

[50] Vgl. Schulz von Thun, F., a. a. O., S. 194f

[51] Dies sind Sätze, wie sie in der Transaktionsanalyse gebräuchlich sind; vgl. Harris, T. A.: Ich bin o. k. Du bist o. k. – Eine Einführung in die Transaktionsanalyse, Berlin 1975

[52] Tausch, R./Tausch, A.-M.: Erziehungspsychologie, Göttingen 1991, S. 61

[53] Tschöpe-Scheffler, S.: Perfekte Eltern und funktionierende Kinder. Vom Mythos der „richtigen“ Erziehung, Opladen 2006 Freiburg 1992, S. 89

[54] Beiner, F. (Hrsg.): Janusz Korczak – Pädagogik der Achtung, Heinsberg 1987

[55] Korczak, J.: Sämtliche Werke (SW), Band 1, Kinder der Straße, Kinder des Salons, Gütersloh 1996

[56] Dauzenroth, E./Hampel, A.: Einlassung mit Korczak, in: Korczak, J.: Von Kindern und anderen Vorbildern, Gütersloh 1979, S. 18

[57] Korczak, J.: Sämtliche Werke (SW), Bd. IV, Gütersloh 1999, S. 41

[58] Korczak, J.: SW, Bd. IV, S. 390

[59] Härtling, P.: Vorwort, in: Korczak J.: Von Kindern und anderen Vorbildern, Gütersloh 1979, S. 14

[60] Korczak, J.: SW, Bd. IV, S. 45

[61] Korczak, J.: SW, Bd. IV, S. 459

[62] Korczak, J.: SW, Bd. IV, S. 209

[63] Korczak, J.: SW, Bd. IV, S. 18

[64] http://www.kinderprojekte.de/kinderprotest/0007.html, 26. Dezember 2001 – Protest von Jan

[65] Tausch, R./Tausch, A.-M., a. a. O., S. 121

[66] Mollenhauer, K.: Vergessene Zusammenhänge. Über Kultur und Erziehung, München 1983, S. 68f

[67] Brezinka, W.: Erziehungsbegriffe, in: Roth, L. (Hrsg.): Handlexikon zur Erziehungswissenschaft, München 1976

[68] Brezinka, W., a. a. O., S. 129

[69] Korczak, J.: Verteidigt die Kinder! Gütersloh, 3. Aufl. 1987, S. 25

[70] Korczak, J., a. a. O., S. 96

[71] Vgl. Tausch, R./Tausch, A.-M., a. a. O., S. 332

[72] Brazelton, T. B./Greenspan, S. I.: Die sieben Grundbedürfnisse von Kindern, Weinheim 2002, S. 247f

[73] Pestalozzi, J. H.: Sämtliche Werke. Kritische Ausgabe, begründet von Buchenau, A./Spranger, E./Stettbacher, H., Bd. XIII, Berlin 1972, S. 18f

[74] Pestalozzi, J. H., a. a. O., S. 19

[75] Erikson, E. H.: Identität und Lebenszyklus, Frankfurt 1981, S. 17

[76] Pestalozzi, J. H., a. a. O., S. 17

[77] Zitiert in: Petermann, F. (Hrsg.): Lehrbuch der klinischen Kinderpsychologie und -psychiatrie, Göttingen 2000, S. 13

[78] Flitner, A.: Konrad, sprach die Frau Mama ..., München, 9. Aufl. 1990, S. 111

[79] Elschenbroich, D.: Weltwissen der Siebenjährigen. Wie Kinder die Welt entdecken können, München 2001, S. 30ff

[80] Tschöpe-Scheffler, S./Tschöpe, H.: Alltagsspiritualität in Familie und Erziehung (Arbeitstitel), in Vorbereitung, erscheint im Sommer 2012

[81] Richter, H.-E.: Der Gotteskomplex. Die Geburt und die Krise des Glaubens an die Allmacht des Menschen. Gießen 2005 (Neuausgabe der Ausgabe von 1979)

[82] Vgl. Allgäuer, S.: Dokumentation der Enqueten: Psychische Gewalt am Kind, Wien 2001, S. 37

83 Satir, V.: Selbstwert und Kommunikation, Stuttgart 2000, S. 49

84 Rauchfleisch, U.: Allgegenwart von Gewalt, Göttingen 1992, S. 7

85 Deegener, G.: Die Würde des Kindes. Plädoyer für eine Erziehung ohne Gewalt, Weinheim 2000, S. 31

86 www.bmfsfj.de/dokumente/Pressemitteilung/ix_90428_4887.html

87 Tschöpe-Scheffler, S./Niermann, J., a. a. O., 2002

88 Steinkühler, L.: Das Recht des Kindes auf gewaltfreie Erziehung und dessen Auswirkung auf sozialpädagogische Handlungsfelder, unveröffentlichte Diplomarbeit, Fachhochschule Köln 2002

89 de Mause, L.: Hört ihr die Kinder weinen. Eine psychogenetische Geschichte der Kindheit, Frankfurt, 6. Aufl. 1974

90 Vgl. Funk, S./Schmitt, A.: Gewaltbericht. Zwischen Alltäglichkeit und Sensation – die Darstellung innerfamiliärer Gewalt gegen Kinder und Jugendliche in den österreichischen Printmedien, Wien 2001, S. 18f

91 Funk, S./Schmitt, A., a. a. O., S. 36

92 Vgl. Müller-Fohrbrodt, G.: Konflikte konstruktiv bearbeiten lernen, Opladen 1999, S. 26–41

93 Schneewind, K.: Familienpsychologie, Stuttgart 1999, S. 101

94 Hofer, M./Klein-Allermann, E./Noack, P.: Familienbeziehungen. Eltern und Kinder in der Entwicklung, Göttingen 1992, S. 24

95 Schneewind, K., a. a. O., S. 102f

96 Gewaltbericht des Bundesministeriums für soziale Sicherheit und Generation, Teil 1, Grundlagen zu Gewalt in der Familie, Wien 2001, S. 29

97 Vgl. Petermann, F. (Hrsg,), a. a. O., S. 13

98 Schulz von Thun, F., a. a. O., S. 187

99 Gewaltbericht des Bundesministeriums für soziale Sicherheit und Generationen Teil 2: Gewalt gegen Kinder, Wien 2001, S. 127

100 Gewaltbericht, a. a. O., S. 126

101 www.kinderpsychiater.org/tmonat2–2000html

102 Knapp, G.: Narzissmus und Primärbeziehung, Berlin 1988, S. 201

103 Miller, A.: Das Drama des begabten Kindes, Frankfurt 1983, S. 58

104 Battegay, R.: Narzissmus und Objektbeziehung, Bern 1991, S. 86f

105 Miller, A., a. a. O., S. 48

106 Göppel, R.: Eltern, Kinder und Konflikte, Köln 1998, S. 230

107 Vgl. Tausch, R., Tausch, A.-M.: Erziehungspsychologie, Göttingen 1991, S. 68

108 Göppel, R., a. a. O., S. 230

109 Korczak, J.: SW, Bd. IV, S. 147